El Complejo de Wendy

Dr. DAN KILEY

El Complejo de Wendy

Javier Vergara Editor s.a.
Buenos Aires / Madrid
México / Santiago de Chile
Bogotá / Caracas / Montevideo

Título original: *The Wendy Dilemma*
Edición Original: Arbor House
Traducción: R. Alcorta
Diseño de cubierta: Susana Dilena
Ilustración de cubierta: Farré
© 1984 Dan Kiley
© 1985 Javier Vergara Editor S.A.
      Paseo Colón 221 - 6° / Buenos Aires / Argentina.

ISBN 950-15-1445-5

Impreso en la Argentina / Printed in Argentine.
Depositado de acuerdo a la Ley 11.723

Esta edición terminó de imprimirse en
VERLAP S.A. - Producciones Gráficas
Vieytes 1534 - Buenos Aires - Argentina
en el mes de noviembre de 1994

INDICE

A las muchas mujeres
que me ayudaron a comprender

INTRODUCCION

Hablando con miles de mujeres en mis giras por el país, y también en sesiones de consulta privada, he notado que se repite una misma conversación.

—Ya no sé qué más hacer con él.

—¿Qué quiere decir?

—Mi marido... es incapaz de cuidarse solo.

—¿Cómo es eso?

—Si yo no me ocupo de que tenga algo de comer, pasa hambre. Y si no accedo a todo lo que quiere, sus estallidos de mal genio podrían producirle un ataque cardíaco.

—Usted está actuando exactamente como si fuera su madre.

—¡Vaya si lo sé!

En el curso de nuestra conversación, la mayoría de esas mujeres admiten que detestan desempeñar el papel de madre para ellos. Quieren ponerle fin. Pero se sienten atrapadas. Por otra parte, se dan cuenta de que haciendo de madres del compañero alientan en él una conducta inmadura; por otra, hacer de madre a veces parece la mejor forma de expresar amor. Ellas quieren dejar de hacer de madre sin abandonar el amor. Cuando una mujer desea cuidar y proteger a su compañero sin caer en la trampa de comportarse como una madre, se enfrenta con un dilema, El dilema de Wendy. Wendy, como ustedes recordarán, es un personaje de la comedia de J. M. Barrie que constantemente hace de madre del infantil Peter Pan.

Las mujeres atrapadas en este dilema, o en peligro de estarlo, soportan varias batallas internas: el papel femenino tradicional *versus* la libertad personal. La autopromoción *versus* el autosacrificio, objetivos a corto plazo *versus* objetivos a largo plazo. La resolución del dilema es posible con el autoexamen meditado y con el coraje de crecer para convertirse en una nueva clase de persona.

Algunas mujeres están inmovilizadas por el dilema de Wendy. Sufren una noción distorsionada del control. Como consecuencia de una inmadurez que les impide lograr el dominio de sus propias vidas, adoptan actitudes y conductas que les hacen sentir que controlan la vida de otros. En ninguna parte esta pauta es más evidente que en la relación íntima con un hombre. Hacer de madre se convierte en la estrategia clave en sus intentos de adquirir alguna semejanza de control adulto.

Que la adopción del papel de madre es la forma que tiene la mujer para evitar crecer y asumir responsabilidad de relaciones adultas es la triste ironía del dilema de Wendy. Una vez puesta sobre el hombre toda la culpa de una relación perturbadora, necesita no someterse ella misma a un examen doloroso de sus enfermizas pautas de comunicación y conducta.

Pronto, sin embargo, el hombre se niega a aceptar la culpa, y la mujer se ve obligada a asumirla toda. Es entonces cuando comienza a torturarla la duda de sí misma. Sus esfuerzos por resolver sus problemas tienen poco o nada de éxito, y ella termina peor de lo que comenzó. Para ella, y para las mujeres así, una solución del dilema de Wendy parece imposible, y entonces desarrollan estrategias para escapar de la trampa, pero, simplemente, no sobreviven.

Las mujeres atrapadas en el dilema de Wendy conservan simbólicamente un pie dentro de la cuna cuando se aventuran al mundo adulto. El resultado es una pauta de conducta dual en la que pretenden ser mundanas, pero en cuestiones de relaciones son bastante ingenuas; hablan de estar enamoradas, pero en realidad están simplemente absorbidas por la idea de representar un amor maduro; hablan de que están liberadas, pero raramente se permiten a sí mismas disfrutar de la espontaneidad. Trágicamente, porque no pueden admitir su debilidad, estas mujeres no pueden crecer y madurar más allá de esas limitaciones.

En el otro extremo del espectro está la "Campanita" (llamada así por otro personaje de la obra de J. M. Barrie, que no tenía paciencia con la conducta de Peter Pan). Campanita es una mujer que está deseosa de crecer. Acepta su responsabilidad en una relación y espera lo mismo de su compañero, negándose a aceptar las pautas inmaduras de él. Tiene el coraje de afrontar debilidades y de crecer superándolas. Mientras que Wendy es la madre de su compañero, una Campanita es una auténtica compañera. Wendy está encerrada en la trampa; Campanita no.

Muchas mujeres se encuentran atrapadas en una posición intermedia entre Campanita y Wendy. Pueden recordar hermosos momentos de participación y de trabajo en equipo, pero se sienten descorazonadas por el egoísmo y los caprichos infantiles de su compañero. Soportan estallidos de mal genio, esperando que finalmente emergerá la madurez. Hacen de madre para el muchachito que realiza esfuerzos mal orientados para convertirse en un hombre maduro. La mujer atrapada en el Dilema de Wendy, nunca advierte que con hacer de madre sólo contribuye al deterioro del amor adulto.

Este libro está dividido en dos secciones: *La trampa de Wendy* y *Para resolver el dilema de Wendy*. La primera parte es la evaluación. Servirá de guía para determinar en qué grado puede usted ser una cautiva del hábito de hacer de madre de su compañero o sea, la trampa de Wendy. La segunda, contiene recomendaciones. Aprenderá una variedad de formas de ejercer un mejor control de su vida, especialmente, cómo dejar de hacer de madre de su compañero. Esas recomendaciones están presentadas de tal manera que podrá llevar a cabo sólo aquellas sugerencias que estén de acuerdo con las conclusiones a que usted haya llegado en la sección primera. Todos los consejos están pensados para ayudarla a que se convierta en una persona dueña de sí misma o, en otras palabras, para convertirse en una Campanita.

Este libro es para millares de mujeres que "ya no saben qué hacer con él", y para aquellas que están tan exasperadas con su fracaso en el amor que empiezan a considerar la posibilidad de renunciar por completo a amar. El primer caso en el camino hacia unas relaciones saludables no es para su compañero, sino para ellas mismas. Sólo cuando hayan aceptado este aspecto vitalmente importante de ser una persona adulta, quedarán verdaderamente abiertas a todas las posibilidades maravillosas que existen en una relación entre un hombre y una mujer.

LA TRAMPA
DE WENDY

PARTE I

VICTIMAS POTENCIALES

Los dos personajes femeninos principales de la obra teatral de J. M. Barrie sirven para distinguir dos tipos de mujer, una está más inmovilizada que la otra por el dilema de Wendy. Se hablará mucho de estas mujeres a lo largo de este libro.

Wendy y Campanita son las dos mujeres en la vida de Peter Pan. Campanita llega primero, y, en la historia original, se caracteriza como una bola de luz llena de energía. Ella tiene con Peter una relación, cuya naturaleza nunca queda del todo clara. Baste decir que Campanita es la compañera de Peter. A medida que leía y releía la historia de Peter Pan, fui sintiendo una admiración especial por Campanita, viéndola como la compañera ideal para un hombre. Según mi propio estilo juguetón, la sentía como "mi" Campanita.

Wendy es una muchachita de la vida real, hija única de George y Mary Darling. Peter la atrae —junto con los hermanos de ella, Michael y John— a la Tierra de Nunca Jamás, con la promesa de diversiones sin fin y de eterna juventud. Wendy ve en Peter un compañero de juegos que podría convertirse en su novio. Peter ve en Wendy una

17

figura maternal y quiere que ella vaya a la Tierra de Nunca Jamás para hacer de madre para él y los otros niños de la legión perdida. Debido a que en su casa tiene problemas, Wendy está lista y dispuesta para huir.

La entrada de Wendy en la Tierra de Nunca Jamás no tiene nada de divertido o excitante. Es alcanzada por una flecha ya antes de aterrizar. Se recupera mágicamente, pero sólo para que construyan a su alrededor una casa pequeña que la deja encerrada mientras dura la convalecencia. Poco tiempo después, se encuentra viviendo dentro de un tronco de árbol, haciendo de niñera de varios niñitos indisciplinados y acosada para que asuma el papel de madre por el individuo al que ella quiere amar. Lo que Wendy esperaba que fuera un sueño, ahora resulta una pesadilla.

Las quejas de Wendy son suaves a la luz de su desencanto. Ella trata de resistirse al papel de madre sustituta, pero a causa de su propia inseguridad y de la tozuda insistencia de Peter, termina aceptándolo de mala gana.

Wendy se disfraza de compañera de Peter cuando, en realidad, se comporta como una madre. Mientras más se engaña a sí misma, más cree en el engaño. Está hipnotizada por un espejismo que lentamente se convierte en su realidad. Está atrapada. Los conflictos en su vida la hacen moverse en círculos. La trampa es todavía más completa porque ella no se da cuenta de lo que pasa.

Campanita, por su parte, no se permite quedar atrapada. Ella revolotea por la Tierra de Nunca Jamás haciendo lo suyo. Ella también desea ser la persona especial de Peter, pero no al precio de su propia libertad. A excepción del afecto que ambas le tienen a Peter Pan, Wendy y Campanita son muy diferentes.

Wendy accede a los caprichos de Peter; Campanita los desafía. Wendy se permite dejarse chantajear por la amenaza de las pataletas de Peter; Campanita se niega a dejarse intimidar por esas tonterías. Wendy es un modelo de corrección y sobriedad; Campanita es extrovertida y directa hasta la exageración. De las dos, Campanita es la que hace que la vida se mueva, aunque no siempre en la dirección pacífica.

Hay un poquito de Wendy y de Campanita en todas las mujeres. En el grado que Wendy domine su vida, usted será llevada hacia la trampa maternal. En el grado que la Campanita que está dentro de usted emita su mensaje de libertad, usted se alejará de la trampa maternal y del dilema de Wendy. Cuanto mejor se conozca, menos probable será que trate de hacer de madre para el hombre que ama.

1

Una mujer en la trampa

Wendy: ¡Oh, Cielos, a veces pienso que las
solteronas son dignas de envidia!

No era su forma de beber, su sentimiento de culpa,
o el hecho de que la internaran en un hospital lo que hacía
que Cindy se diese cuenta de que había tocado fondo.
Curiosamente, era una experiencia positiva lo que le abría
los ojos ante el hecho de que no podía caer más bajo. Sucedía cada vez que Ed, su marido, se ausentaba de la ciudad
por viaje de negocios.

Cindy se sentía avergonzada al admitirlo, pero esperaba anhelosamente que Ed se ausentara. La actitud de ella
mejoraba en cuanto él partía hacia el aeropuerto. Mientras
él estaba ausente, ella podía dormir mejor, controlar
mejor a su hijos, y experimentaba una mejoría drástica de
su visión general de la vida. Era esa extraña sensación de
alivio lo que le enseñó a Cindy que su vida con Ed había
tocado fondo.

"Nunca sabía lo desdichada que era hasta que la desdicha se alejaba." Con esta reflexión, Cindy podía recu-

perar la perspectiva de su vida, una vida en la cual el no sentirse realizada era la norma.

La madre de Cindy era una mártir. Era una mujer inteligente, que nunca había tenido la oportunidad de elevarse más arriba de su función de ama de casa. Aunque se sentía decepcionada con lo que le había tocado ser en la vida, no se atrevía a quejarse. Estaba cautiva, prisionera de su temor al rechazo. Su único solaz era el que le ofrecía la identidad del autosacrificio. Lucía su martirio como un timbre de honor. Sin saberlo, pasó paulatinamente esas características a su hija.

Cindy negaba el hecho de que Ed era exigente e indiferente. Lo protegía excesivamente satisfaciendo todos los caprichos de él. Sus quejas eran incesantes. Estaba celosa de sus amigos, no porque lo alejaban de ella sino porque ella quería divertirse también. Sus dolores de cabeza eran un testimonio de su martirio. A la hora de acostarse, Cindy evitaba a Ed, pensando que privándole de sexo, la vida de ella, por alguna razón, mejoraría.

Cindy trabajaba como secretaria del presidente de un banco. Era atractiva y eficiente, no le faltaban amigos u oportunidades de romances extramatrimoniales. Tuvo un romance con un hombre del departamento de créditos, un hombre de aspecto vulgar con grandes ojos marrones y modales gentiles. Ella trató de enamorarse de él, pero no pudo. El dijo que la amaba; a ella eso le tuvo sin cuidado.

Cindy tenía miedo de abandonar a Ed, pero moría por dentro cada día que seguía con él. Algunas de sus razones para no abandonarle eran reales —el dinero y el cuidado de los hijos— y algunas, irracionales —a su madre no le gustaría—. Trataba de convencerse de que su amor volvería. Para ella, era difícil aceptar que nunca había amado a Ed.

En cuanto a su dilema, lo resolvía de esta manera: "Desearía que él me golpeara, o que huyera con otra mujer... cualquier cosa que haga más fácil mi decisión. Pero él no es un mal hombre y yo no le odio. Sencillamente, no ha crecido. Sospecho que yo tampoco."

A Cindy le resultaba difícil creer que sus problemas fueran más allá de su matrimonio. Más fácil era atribuir sus problemas a Ed. El era un amante insensible, más una molestia que una ayuda con los hijos y nunca estaba cuando ella necesitaba un hombro en que apoyarse y llorar. Para ella, no era descabellado creer que sus problemas desaparecerían si encontraba al hombre adecuado.

—Si el hombre adecuado se le acercara hoy y la tomara en sus brazos, usted echaría todo a perder dentro de un mes —le dije durante una de nuestras sesiones.

Pareció que a Cindy le habían robado su muñeca favorita.

—¿Cómo puede decir eso?

—Lo digo porque su problema con Ed es solamente el follaje del árbol, no la raíz. Es solamente un síntoma, no la enfermedad. La causa de sus problemas no es un hombre; es usted. Mientras trate de resolver sus problemas por medio del hallazgo de un hombre, será como si estuviese persiguiendo su propia cola; siempre terminará donde empezó.

Cindy estaba encerrada en la trampa de Wendy. Se encontraba en el fondo de un pozo y se movía en círculos, rodeada por las voces de la confusión.

Las voces venían desde su propio interior y hacían preguntas que parecían imposibles de responder. Si hubiésemos podido meternos dentro de su cabeza, he aquí lo que hubiéramos oído:

Cuando él es cruel conmigo,
¿por qué yo me siento culpable?
¿Por qué siempre hago que las cosas salgan al modo de él?
¿Por qué no puedo decir "no" y aferrarme a ello?
¿Por qué no puedo depender de él?
¿Por qué siempre termino con deseos de gritarle, como si él fuera uno de mis hijos?
¿Por qué me siento como si fuera su madre?

Si él sigue así,
¿qué voy a hacer con él?
¿Por qué no puedo hacerlo cambiar?
¿Por qué a él le gusta verme sufrir?
¿Por qué él no puede amarme como yo le amo?
¿Qué he hecho para merecer esto?
¿Qué haría él si no me tuviera a mí para cuidarlo?

Esas son las preguntas que crean el dilema de Wendy. Cuando una mujer lucha por responderlas, surgen más preguntas y las respuestas se vuelven más escurridizas.

¿Por qué me permito hundirme hasta el nivel de él?
¿Por qué el "enamorarme" me ha hecho tan desdichada?
¿Por qué todos los hombres son tan crueles?
¿Por qué él se enfurece conmigo cuando yo hago algo mal?
¿Por qué sigo todavía a su lado?
¿Por qué no aprendo a cerrar la boca?
¿Por qué lo necesito tan desesperadamente?
¿Por qué él erige un muro que me deja fuera?
¿Por qué quiero culpar a mi madre de mis problemas amorosos?
¿No podía haber detectado antes estos problemas?
¿Por qué parece que yo le amenazo?
¿Y si él no cambiara? *Jamás podría divorciarme de él.*

Este libro responderá estas preguntas. Si usted lee con atención, no sólo entenderá las respuestas sino que, en primer lugar, sabrá por qué son formuladas las preguntas. Con esos dos elementos, estará preparada para resolver el dilema de Wendy y escapar de la trampa de Wendy, o evitarla al menos.

2

¿Se encuentra usted en peligro de caer en la trampa de Wendy? Un test

Wendy: Bueno, adiós, Peter, y recuerda no comerte las uñas.

Todas las mujeres hacen a veces de madre para su compañero, aunque sea para ofrecerle palabras de ánimo cuando él ha tenido un día difícil. Usted no necesita preocuparse por esa clase de actitud maternal incidental; no destruirá su relación. La cuestión no es si usted hace de madre de su compañero, sino la frecuencia, y si usted es consciente de ello. Recuerde: las mujeres caen en la trampa de Wendy sin darse cuenta.

EL TEST DE WENDY

El siguiente cuestionario le permitirá evaluar el grado de peligro que corre de caer en la trampa de Wendy. Exige que haga un examen de sus pensamientos, sentimientos y conductas. Al identificar la inapropiada actitud maternal en su conducta diaria, le señalará la dirección que debe tomar para cambiar.

Es una buena idea hacer este cuestionario en privado y anotar las respuestas para una futura referencia. Después, haga que el hombre de su vida haga el test como él la ve a usted.

Comparando las respuestas de los dos, podrá abrir la puerta a una discusión constructiva. Si usted no tiene "pareja", remóntese a su última relación para responder a las preguntas sobre el hombre de su vida. No se avergüence de encontrar algo de Wendy en usted: hay un poquito de Peter Pan en todos los hombres. Esto nos da algo para compartir y para trabajar juntos en ello.

Lea cada una de las afirmaciones que doy más abajo y decida si se aplican o no a su caso. En caso negativo, asígnele a la afirmación el valor cero. Si el caso es afirmativo, decida si se aplica a veces —una puntuación de uno— o casi siempre —puntuación de dos—. El pronombre "él" se refiere al hombre de su vida.

Vea este cuestionario como una oportunidad de revisar su conducta, no como un proceso de diagnóstico de una enfermedad. Está diseñado para estimular una autoelevación honesta y sincera y una relación mejorada.

0 1 2 Cuando cometo una equivocación me disculpo excesivamente.

0 1 2 No puedo resistirme a discutir con él.

0 1 2 Programo las salidas con él con mucha anticipación, le pido que se comprometa mucho antes de la fecha del acontecimiento.

0 1 2 A menudo le digo a las personas lo que tienen que hacer, como si yo fuese su guardiana designada.

0 1 2 Me quejo a él porque no me dedica tiempo suficiente.

0 1 2 Me altero y fastidio cuando se cambian los planes.

0	1	2	Culpo a mi madre de muchos de mis problemas.
0	1	2	Digo o pienso: "Mi compañero es magnífico. Me deja hacer casi todo lo que yo quiero."
0	1	2	Me gustaría abrazar a mi padre (o, si está muerto, solía sentir deseos de hacerlo), pero si lo intentara, me sentiría (o me hubiese sentido) rara.
0	1	2	Cuando hay problemas entre nosotros, yo digo: "¿Qué he hecho yo para que me trate de esta forma?"
0	1	2	Ante la perspectiva de la boda dije o pensé, o podría decir: "Creo que él está dispuesto a casarse conmigo."
0	1	2	Cuando él llega tarde, lo interrogo insistentemente sobre sus andanzas.
0	1	2	Me resulta muy difícil tomar una decisión; para ello, acudo a la ayuda de amigos o amigas.
0	1	2	Lo critico porque no comparte conmigo sus sentimientos.
0	1	2	Me resulta difícil gozar del sexo.
0	1	2	Cuando él hace algo que me lastima, trato de hacerlo sentirse culpable.
0	1	2	Me erijo en una autoridad para juzgar la conducta de otras personas.
0	1	2	Cuando él se queja acerca de cuestiones domésticas (comida, lavado de ropa, limpieza), me siento culpable.
0	1	2	A menudo desearía hacer más mi vida, pero no hago nada al respecto.
0	1	2	Mis sentimientos resultan heridos fácilmente.

Ahora, sume los puntos obtenidos. Use la siguiente guía para medir el grado de su respuesta de Wendy.

0 a 7	Muy probablemente, usted es una Campanita. Puede ser un poco empecinada, pero nunca es aburrida o repetitiva en la forma en que ve la vida. Usted controla su propia vida y espera que las personas cercanas a usted hagan lo mismo.

Constantemente está a la búsqueda de nuevos modos de expresar su libertad. Se da cuenta de que no puede mantener una relación amorosa sin espontaneidad: la libertad de decir lo que piensa. Una Campanita puede experimentar una parte del dilema de Wendy, pero nunca cesa de crecer o madurar.

8 a 25 Probablemente usted sea una Wendy convirtiéndose en Campanita. Porque está en el proceso de resolver sus conflictos, tiene muchas características de una persona que está alterando su actitud ante la vida.Tiene dudas, pero eso no la imposibilita para crecer.Su avance hacia la libertad es contagioso. Busca cambios continuos, a menudo al precio de la confusión y la ansiedad. Se mueve en una dirección positiva;sólo recuerde que el cambio habitualmente requiere dar un paso atrás antes de poder dar dos adelante.

26 a 46 Probablemente, usted está atrapada, o muy cerca de estarlo, en la trampa de Wendy. Es posible que el dilema de Wendy la haya inmovilizado. Está llena de dudas y es fácilmente dominada por personas a quienes usted siente que debe complacer. Se siente inferior a muchas personas y permite que otros controlen su destino. Sus temores e inseguridades la obligan a controlar su vida complaciendo a los demás. Se asusta con facilidad y las decepciones la hieren profundamente, aunque puede fingir que no es así. La vida normal de todos los días le produce mucha ansiedad.

Si tiene usted un total bajo (menos de 10), preste mucha atención a cualquier afirmación que merezca el calificativo de "casi siempre". Podría ser una señal de peligro que aconseja un autoexamen más profundo. Si actualmente usted está sin pareja, su puntuación puede ser artificialmente bajo. Si ese es el caso, concéntrese en otras áreas de su vida. (Por ejemplo, ¿hace de madre de sus compañeros de trabajo, a su jefe, a sus amigos?)

Es la obra de J. M. Barrie, Wendy finalmente supera su necesidad de escapar a la Tierra de Nunca Jamás. Se casa, tiene una hija y se ocupa de que la niña se sienta segura para que no tenga que huir. A su manera, Wendy resuelve su dilema y se convierte en una Campanita.

En la realidad, las mujeres Wendy no crecen y maduran, simplemente porque se vuelven más viejas. En todo caso, se retraen todavía más dentro de ellas mismas y usan la actitud maternal para ocultar sus temores e inseguridades.

Cualquiera que sea el grado en que usted se encuentre inmovilizada por el dilema de Wendy, use este libro como un medio de reconocer y afrontar esos temores e inseguridades. Recuerde: no podrá comenzar su transformación total en Campanita hasta que conozca y comprenda a la Wendy que hay profundamente dentro de su persona.

PARTE II

LA TRAMPA ESTA LISTA

Ciertas condiciones tienen que existir para que una mujer ceda el control de su vida, quede inmovilizada por el dilema de Wendy y caiga en la trampa de la actitud maternal. Sufre cierto grado de temor al rechazo, perpetúa una autoimagen negativa por medio de una voz interior de inferioridad y está tan preocupada por su imagen social que deja de examinar su auténtica vida personal. Una vez que existen estas condiciones, puede ser atraída hacía el cebo de la trampa: un hombre Peter Pan.

Los cuatro capítulos siguientes le ayudarán a entender cómo esos factores conforman la trampa de Wendy, y cómo deben estar presentes para que una mujer se convierta en víctima.

3

El temor al rechazo

Wendy: (*Haciendo un último intento*). *¿No sientes que deberías decir algo a mis padres, Peter, acerca de un tema muy dulce?*

Peter: *No, Wendy.*

Wendy: *¿Acerca de mí, Peter?*

Peter: *No.(El saca su flauta, lo cual, ella sabe, es muy mala señal.)*

Sabemos por qué Peter Pan huye a la Tierra de Nunca Jamás. Incapaz de afrontar el dolor del rechazo, dice: "Si crecer duele de esta forma, yo no quiero saber nada de eso".

¿Pero por qué Wendy sigue tan prestamente a Peter? ¿Y por qué, después de percatarse de que está atrapada en el papel de madre para Peter y la legión de niños perdidos decide quedarse? ¿Es un capricho de su subconsciente?¿Un resultado de programación cultural? ¿O una disposición genética? ¿Ella disfruta representando el papel de madre del hombre al que desea amar? Encontramos la respuesta no buscando hacia dónde huye Wendy, sino desde dónde huye.

El padre de Wendy es un hombre inmaduro e infantil que trata a su esposa y a su hija según sus propios fines egoístas. La madre sigue la corriente, asumiendo a veces el papel de niña obediente, y otras el de figura maternal superior y responsable de todo. A muy temprana edad, Wendy se ve obligada a reprimir su espíritu juvenil en favor de los dictados de dos personas crecidas que sólo están jugando a ser adultos. Cuando ella tiene la oportunidad de huir, la aprovecha. No se le ocurre ni por un instante que está saltando de la sartén al fuego.

El problema que aflige a Wendy y a sus padres puede verse en muchas familias de hoy. La solución adulta de los problemas y el espíritu de unidad están desapareciendo al precio de un narcisismo desenfrenado. Los padres están tan ocupados luchando con su propia inmadurez, que a menudo los niños crecen sin una guía o un control racional.

Cindy, a quien conocimos en el capítulo uno, creció en un lugar lleno de una ficción de amor. Sus padres no se divorciaron hasta que ella cumplió quince años, aunque lo pensaron poco después de casarse. Pero cuando la madre de Cindy quedó embarazada, la idea del divorcio no estaba de moda. Debían seguir juntos "por el bien de la niña". Ese fue el error de los padres.

La necesidad de soportar un matrimonio tedioso, no gratificante, combinada con los imperativos culturales prevalecientes en los años posteriores a la Segunda Guerra Mundial, empujaron a los padres de Cindy a los papeles de "ganador del pan para la familia" y de "ama de casa". Aunque esos papeles inhibían el crecimiento y la maduración, constituían una fuente de autoestima. El padre de Cindy se enorgullecía ganando dinero, y la madre encontraba un significado para su vida cuidando de una criatura y del hogar.

Lograban mantener el equilibrio como "personas crecidas", siempre que cada uno siguiera determinadas reglas. La madre de Cindy no tenía que ganar ninguna cantidad importante de dinero, y el padre no debía ocuparse de cuestiones domésticas. Su intervención en la educación de la hija tenía que ser definida por la esposa. El se contentaba manteniendo una distancia emocional entre él y su familia. Su padre le había enseñado que las emociones eran afeminadas y, en consecuencia, él no había aprendido a identificar y comunicar sus sentimientos.

Los padres de Cindy tenían lo que podría llamarse una "relación de juguete". Ellos jugaban a relacionarse de forma muy similar a los niños de jardín de infancia que juegan a ser personas adultas. Las fronteras de poder eran claras, y ellos, por turno, se encargaban de controlar el juego: "Yo ahora seré el padre y tú serás mi sirvienta. Después, yo seré el niño y tú serás la persona adulta."

Ambos se adaptaban a su papel sin cuestionarlo, incapaces de explorar el verdadero significado de ser una persona. El poder de negociar era la forma que tenían de salvar el orgullo de la prisión psicológica que los confinaba.

Como todos los niños, Cindy necesitaba el amor y el apoyo de sus padres. La fuerza del concepto que ella tendría de sí misma dependía de que experimentara sensaciones de comodidad, seguridad y pertenencia, necesidades de dependencia que, en su mayor parte, no eran satisfechas. Su madre la abrazaba y la elogiaba, pero eran gestos poco profundos y altisonantes. Su padre, prácticamente, no le daba ningún mensaje de amor o ternura, más allá de llamarla ocasionalmente "queridita".

Esa atmósfera tuvo un impacto negativo en Cindy, especialmente durante sus primeros cinco años de vida. Esa es la época del prelenguaje; es decir, un tiempo en que la experiencia resulta en aprendizaje condicionado sobre el que una criatura tiene poco o ningún control. Excepto el proceso normal de aprender a decir "no" (que Cindy raramente decía), y la influencia de sus predisposiciones genéticas, Cindy fue una estudiante pasiva en el hogar de sus padres.

No es sorprendente que Cindy estuviese torturada por sentimientos de inseguridad antes de que tuviese edad suficiente para entenderlos. Ella se sentía emocionalmente aislada de su padre y excesivamente dependiente del afecto "otorgado" por su madre. Al final, la inseguridad de Cindy, alimentada por el temor al abandono, terminó controlando su conducta. Ella organizó su vida en torno a complacer a sus padres, especialmente al padre, de cuyo amor tenía más dudas. Su temor a ser abandonada la impulsaba a comportarse con corrección, no porque eso la hiciera sentirse bien, sino porque la aterrorizaba la posibilidad de disgustarlos.

Para cuando tuvo que empezar a asistir a la escuela, el concepto negativo que Cindy tenía de sí misma estaba firmemente arraigado. Cada vez que no podía alcanzar en su desempeño el estándar que se había impuesto ella misma, se sentía como una niña mala. Cuando se enfadaba porque sus padres la hacían ir temprano a la cama, se sentía muy mal por dentro. Lo que en sus primeros años había sido un miedo al abandono, ahora se convertía en temor a ser rechazada. Decepcionar a sus padres, aunque fuera en pensamiento, suponía la amenaza de perder el amor de ellos.

Cindy estaba atemorizada la mayor parte del tiempo. A la edad de siete años sufrió severos espasmos estomacales que el médico dijo que probablemente eran causados por una alergia. En realidad, eran una manifestación de tensión nerviosa.

La búsqueda de identidad emprendida por Cindy era como la de todos los niños, es decir, egocéntrica. "Todo lo que sucede, de alguna manera es causado por mí." En algún momento entre los siete y los diez años, Cindy llegó a la conclusión de que su padre no la amaba, porque ella no era digna de ser querida. Algo andaba mal en ella. Fue en este punto donde Cindy trabajó aún más para ser como su madre.

Pasó por un período en el cual hubiera hecho cualquier cosa por complacer a su padre. Si pudiera ganar el amor de él, quizá podría deshacerse de su propia "maldad" y librarse del miedo al rechazo. Estudió con ahínco y obtuvo buenas calificaciones. Su padre no dijo nada.

Sólo en una ocasión le dedicó palabras de elogio: fue una vez que Cindy ayudó en las tareas domésticas. Ella todavía recuerda haberse sentido muy orgullosa de sí misma por planchar los pañuelos de él.

Alrededor de los once años, Cindy empezó a tener accesos de ira. Eran violentos; la mayoría tomaban la forma de respuestas insolentes de una preadolescente respondona. Aunque ella no podía saber que eso era muy comprensible, dados el comienzo de la pubertad y la frustración causada por su concepto negativo de sí misma, se daba cuenta de que la ira empeoraba las cosas. Su padre expresaba su desaprobación sacudiendo la cabeza y diciendo que no se comportaba como una señorita. Las palabras de su madre eran más hirientes: "¡Mira cómo tratas a las personas que te quieren!"

Cindy descubrió por fin por qué ella no era "digna de ser querida". Cada vez que intentaba amar, fracasaba. Empezó entonces a verse como una persona incapaz de amar. Con la sensibilidad exacerbada de la pubertad, llegó a creer que sería más feliz si por lo menos aprendía a hacer una cosa: dejar de tratar de amar a las personas. Después de todo, eso era, en primer lugar, lo que había causado sus problemas. Si no trataba de amar, no terminaría tan herida.

Su entrada en la escuela secundaria marcó el comienzo de los intentos de Cindy de clausurar su necesidad de dar y recibir amor. El razonamiento tenía sentido para ella. Si nunca trataba de dar amor, no tenía por qué temer al rechazo, por lo tanto, no saldría lastimada. Cuando Cindy evitaba al amor, su dolor disminuía. Cuando logró que la tuviera sin cuidado lo que su padre le decía o no le decía, se sintió más buena hacia él.

Hasta tuvo lástima de él. Cuando le planchaba los pañuelos o le preparaba la cena, él decía: "Gracias, señorita." Cindy se compadecía del desamparo de él y le daba esa sonrisa fría y genérica que su madre tenía patentada.

Pero a medida que Cindy adormecía sus sentimientos hacia su padre, se iba volviendo resentida contra su madre. Cindy no se dio cuenta de eso en el momento, pero una parte de ella odió a su madre por ser tan débil en la relación con el marido. La cólera de Cindy contra su madre era segura. Ella la odiaba porque sentía que su madre tenía capacidad de soportarlo. Sin embargo, tomó la decisión subconsciente de no enfadarse jamás con su padre. Al hacerlo, se protegía a sí misma y le protegía a él. Sabía que si le odiaba, él sería demasiado débil como para rechazarla. Aunque oculto, el precoz condicionamiento de Cindy con respecto al abandono estaba actuando con toda su fuerza.

Cindy era popular en la escuela secundaria. Siempre tenía un amigo dedicado a ella. No era que a ella le interesara mucho tener un amigo constante; sólo deseaba tener la atención de él. Salía con muchachos con personalidad y sabía exactamente cómo tenerlos contentos. Usaba el sexo oral como un medio de evitar el coito. Trató de masturbarse, pero lo encontró desagradable.

Cuando entró en la universidad, el miedo de Cindy a amar y a ser rechazada estaba enterrado en su subconsciente. El feminismo era una fuerza creciente en el campus de su facultad y Cindy se convirtió en un líder, atraída por la promesa de "liberación". No se daba cuenta de que ella era esclava de sus propios temores y no del sexo opuesto.

Cindy tuvo dificultad para explicar por qué fue tan sumisa a Ed, su novio. A sus amigas les decía que sólo le daba gusto a él y que las cosas cambiarían después que se casaran. Aunque sonaba a tontería, Cindy lo creía de veras.

Cindy pospuso dos veces la boda, diciendo en ambas oportunidades que su nueva carrera le creaba problemas de fechas. Cuando por fin se casó, fue por dos razones. Públicamente, dijo que lo amaba y que era hora de sentar cabeza. Privadamente, fue presionada para que se casara por su familia y la familia de Ed, cuya desaprobación potencial empezaba a revivir los viejos temores al rechazo.

A Cindy no le llevó mucho tiempo caer en la rutina de hacer de madre de su compañero. Eso era cómodo y seguro, y Ed pareció muy feliz porque ella cuidaba de él. Muchas de sus discusiones se centraban en el trabajo de

Cindy. Ella ganaba una cantidad importante de dinero, una clara violación de las tácitas reglas que gobiernan la relación tradicional entre hombre y mujer. Había dentro de Cindy mucha frustración, pero ella usaba su talento y el retraimiento a fin de disimularla.

Fue durante su crisis cuando Cindy finalmente comprendió la complicada telaraña de temor e inseguridad que envolvía y comprimía su personalidad. Para ella fue doloroso darse cuenta de que el peor de sus temores se había hecho realidad: se había casado con un hombre exactamente parecido a su padre.

Cuando las mujeres son cautivas de la trampa de Wendy, su conducta es eternamente circular. Creen equivocadamente que otras personas pueden hacer que se sientan seguras. De modo que cuando el temor al rechazo estimula la inseguridad, ellas se precipitan a recobrar el control de sus vidas complaciendo a otros y vuelven, por lo tanto, a la seguridad. Su instinto maternal se combina con el ejemplo dado por la madre en los primeros años de sus vidas, para ofrecer un método de control que uno podría llamar una actitud maternal inapropiada. Cuando la desaprobación parece inminente, ellas trabajan más para ejercer el control por medio de la actitud maternal. En el grado que esa actitud maternal resulta infructuosa —y es infructuosa—, ellas se enfrentan a la amenaza del abandono y el rechazo. La inseguridad reina suprema y el ciclo comienza de nuevo.

La mayoría de las mujeres no quedan seriamente inmovilizadas por este aspecto de la trampa de Wendy. Son capaces de hacer juegos malabares con el rechazo y la inseguridad mientras realizan muchas tareas domésticas para el cuidado personal y el de la familia. Del mismo modo, hay muchas mujeres que desempeñan el papel de madres sin haber experimentado una infancia semejante a la de Cindy. Su temor al rechazo se ha desarrollado en circunstancias diferentes.

Los padres de Martha se divorciaron poco después que ella nació. Carente de educación, la madre de Martha limpiaba casas para vivir. Martha recuerda a su madre como una mujer amargada y de pésimo carácter. Cuando Martha cometía la más leve equivocación, su madre le gritaba o le insultaba. Cuando llegó a la pubertad, Martha tenía una aversión abrumadora a la ira. Era capaz de hacer cualquier cosa con tal de evitar encolerizarse.

Cuando se casó con Tom, Martha empezó a servirlo como una esclava que sirviera a su amo. Cuidaba que las comidas le fueran servidas a su esposo exactamente a las 6 de la tarde y que la ropa de él estuviera limpia y planchada al día siguiente de ensuciarse. Si ella no tenía tiempo de sacar la basura, se disculpaba por dejar que él hiciera "el trabajo de ella". Tom era un hombre sencillo que nunca exigía esas cosas, pero tampoco trataba de impedirlas.

Martha le hacía de madre a Tom porque temía intensamente crear cualquier problema del cual pudiese surgir la ira. Estaba convencida de que si llegaba a encolerizarse con Tom, él la abandonaría. Evidentemente, en algún momento de sus primeros años, Martha había llegado a la conclusión, usando una simplista lógica infantil, de que su padre había abandonado a su madre debido a su cólera. Ella estaba comprometida y decidida a no repetir la equivocación de su madre.

Kathy era una profesional de treinta y cinco años, y trataba de integrarse en un grupo de personas sin pareja después de un divorcio tempestuoso. No tenía dificultad para encontrar hombres que quisieran acostarse con ella, pero le resultaba terriblemente difícil encontrar un hombre que quisiera ser su amigo. Su amargura cortaba como una navaja cada vez que hablaba de su vida personal. Su ansiedad era desenfrenada. Detestaba concurrir a bares y fiestas. Se sentía más como una res vacuna exhibida para una subasta que como una mujer que deseaba compartir su vida con un hombre. Pero no podía soportar el tener que pasar noche tras noche sola en su apartamento. El estar sola creaba un temor que siempre se traducía en soledad. Con frecuencia asistía a reuniones sociales, sólo para sentirse tan desazonada que buscaba la salida más rápida, sin saber jamás si estaba más furiosa consigo misma o con la mala suerte que le había tocado en la vida.

Kathy fue a un terapeuta para resolver su temor a la soledad. Cada vez que la interrogaban acerca de su infancia, se paralizaba. Una indagación cuidadosa, paciente, descubrió el hecho de que a Kathy le habían dado todo lo que ella quería, todo excepto la única cosa que anhelaba: abrazos. "No eran personas afectuosas" decía ella de sus padres con un brillo de lágrimas en los ojos. Si sus padres abrazaban o no a Kathy no era realmente importante. Lo importante era que ella no podía recordar que la hubiesen abrazado.

Al estar sola siendo adulta, volvían los recuerdos de no haber sido abrazada de niña. La lógica de su infancia persistía: "Si no te abrazan, te rechazan." Esa explicación ayudó a Kathy a comprender por qué a menudo se permitía acostarse con un hombre del que ella sabía que sólo estaba interesado en el sexo. A veces, era capaz de cualquier cosa por un abrazo.

Frances era la excepción a la regla. Su temor al rechazo se desarrolló de una forma que sigue una dirección contraria a todo lo que se ha dicho hasta ahora.

Era la mejor de tres hijos, profundamente querida por sus dos progenitores. Era inteligente y popular, siempre tenía muchos buenos amigos y pareció saltarse el trauma de la adolescencia. Ese resultó, al final, el mayor de sus problemas.

Frances se mantuvo virgen hasta la noche de bodas. Ella y su bien educado y apuesto novio, experimentaron el éxtasis sexual durante una luna de miel de cuento de hadas. Frances experimentó placeres corporales que desconocía. Su erotismo resultó seductor, exigente y poderoso. Antes de la luna de miel, ella sólo conocía la definición del sexo oral; después de siete días, era una experta.

Poco después de la luna de miel. Frances se sentía llena de temores. Nunca había afrontado las responsabilidades propias de una persona adulta. Carecía del orgullo y la confianza en sí misma que proporcionara el sobreponerse al fracaso. Carente de capacidad para enfrentarse a los hechos. Frances estaba convencida de que si hacía algo equivocado, su vida idílica se derrumbaría y su esposo la abandonaría. Esa preocupación, al no ser encarada directamente, se convirtió en temor al rechazo. Cuando empezó a negarse al sexo como un castigo a la insensibilidad de su marido, supo que necesitaba ayuda. Debido a que el temor al rechazo apareció relativamente tarde en su vida, Frances fue capaz de superarlo en pocos meses.

Un último y muy importante pensamiento: las mujeres pueden ser víctimas de la trampa de Wendy sin estar siquiera enamoradas de un hombre. Pueden adoptar actitudes maternales con su amigo, su jefe, su entrenador de tenis, su profesor o cualquier otro hombre importante en sus vidas. Sin embargo, es al abrirse a la vulnerabilidad del amor cuando una mujer se expone al mayor peligro de caer en la trampa de las actitudes maternales. Algunas mujeres tienen una noción inconsciente de la trampa que las acecha y prefieren evitar enamorarse, lo cual es su forma de protegerse del rechazo. Después se lamentan eternamente del hecho de que "no me he permitido amar verdaderamente a un hombre".

Como veremos en el capítulo siguiente, es una silenciosa voz de inferioridad, tan común en las mujeres que se encuentran en la trampa de Wendy, lo que le recuerda diariamente a la mujer Wendy que ella no es digna de ser amada.

4

La silenciosa voz de la inferioridad

> *Todos:* *Lo que nosotros necesitamos es, pre-*
> *cisamente, una persona maternal.*
> *Wendy:* *Oh, cielos, creo que eso exactamente*
> *soy yo.*

Ann tenía veinticuatro años y era soltera. Su educación superior, su mente brillante, inquisitiva, y sus buenos hábitos de trabajo le habían valido un empleo de vendedora en una gran empresa fabricante de computadoras. Ganaba dinero suficiente para alquilar un apartamento atractivo, conducir un automóvil nuevo y disfrutar de vacaciones de invierno bajo el sol. Su apariencia impactante y sus ropas de buen gusto compensaban en cierta manera su timidez. Ann no tenía problemas para conocer hombres solteros; pero después de la primera salida juntos, sólo tenía problemas. Había buscado ayuda profesional porque estaba convencida de que su vida tenía "mal de ojo".

—Cada vez que en una relación voy más allá de la etapa de decirnos "hola", algo sale mal. —Sus lágrimas parecían avergonzarla.— Tengo la sensación de que no puedo hacer nada bien. La parte más ridícula es que en mi trabajo no tengo ese problema. Es muy frustrante ser eficiente en un área de la vida y tan inútil en otra. Me gustaría casarme, pero a este paso nunca lo haré.

La vida de Ann estaba maldecida, pero no por fuerzas extrañas y ocultas sino por una fuerza enterrada en sus pensamientos inconscientes. Cada vez que Ann seguía a alguien que le gustaba, la fuerza daba un mensaje de condenación: "Nunca conseguirás lo que quieres; no lo mereces."

A fin de combatir esa silenciosa voz de inferioridad, Ann primero tenía que traerla a un plano consciente. Para usar un concepto tomado de su propia profesión, ella no podía reprogramar el mensaje hasta haberlo retirado de su banco de memoria para exhibirlo como pensamiento consciente. En otras palabras, para cambiarlo tenía primero que escucharlo.

La evaluación de su relación recientemente fracasada con Steven, fue un buen punto de partida. Todavía frescas en su memoria persistían una cantidad de conversaciones penosas y desconcertantes. Ann y Steven no habían discutido exactamente, pero sus intentos de lograr una comunicación significativa se habían producido en círculos viciosos.

—No estoy seguro de nuestra relación —decía Steven—. A veces quiero que nos casemos; otras, creo que el matrimonio sería una equivocación.

—Lo que tú en realidad quieres decir —decía Ann—, es que no me amas, ¿verdad?

Steven vacilaba.

—No he dicho exactamente eso. Se trata, solamente, de que no estoy seguro que tú seas la mujer para mí.

Ann saltaba ante esa afirmación:

—Creo que lo que en realidad estás diciendo, es que yo no soy lo suficientemente mujer para ti.

Steven era una persona insegura de sí misma. Ese era su problema. Pero la silenciosa voz de inferioridad de Ann hacía que el problema de Steven fuera un problema de ella. Cuando él decía: "Creo que el matrimonio sería una equivocación", ella oía: "Casarme contigo sería una equivocación." Cuando él decía: "No estoy seguro de que tú seas la mujer para mí", la voz interior de ella decía: "Por supuesto que no está seguro. Porque tú no eres la mujer para nadie."

La silenciosa voz de inferioridad de Ann también le decía cosas que nada tenían que ver con un hombre. "Tú no mereces ser feliz". "No deberías tratar de competir en un mundo de hombres". "¿Por qué no puedes ser feliz con las cosas tal como están?". "Lo lamentarás cuando las cosas salgan mal."

A medida que Ann aprendía a escuchar esta silenciosa voz interior, se encontraba con una confusión creciente. Ahora parecía que había dos voces que discutían entre sí. Cuando la voz de autoestima replicaba: "Oh, sí que lo merezco", Ann se sentía un poco grotesca escuchando esa guerra civil que se libraba dentro de su cabeza, pero a medida que la voz de la inferioridad era llevada al conocimiento consciente, ella podía neutralizarla mejor con la voz de la autoestima.

La guerra civil psicológica es un síntoma clásico de las mujeres inmovilizadas por el dilema de Wendy. La voz de la autoestima es el producto del pensamiento adulto y racional, una voz de esperanza que mira al mundo y dice: "Tengo todas las razones para creer que puedo convertirme en lo que yo quiera". La voz de la inferioridad es el producto de un condicionamiento social previo: " Algo está mal en mí; no puedo hacer nada bien."

La silenciosa voz de la inferioridad, habitualmente se establece antes de la edad adulta. Esta es una de las razones por la cual es difícil escucharla. Es programada en una etapa en que un niño carece de perspectiva para entenderla.

Mamá decía: "No te preocupes de tener una educación. Sólo asegúrate de casarte con un hombre que pueda manteneros a ti y a tus hijos."

Papá decía: "Tu eres mi princesita especial. Tú nunca me desilusionarás."

La maestra decía: "No deberías hablar tan alto. Las niñitas buenas no hacen esas cosas."

45

Tía Sarah decía: "Vaya, qué niña adorable eres. Es maravilloso cómo te gusta la cocina."

Tío Charlie decía: "Me alegra ver que mi sobrina favorita sabe ser una señorita tranquila y silenciosa."

El ministro decía: "Dios tiene un lugar especial en su reino para las niñas que saben que sus mentes y sus cuerpos pertenecen a sus maridos."

El novio decía: "Sé que realmente me quieres porque te aseguras de que yo no me sienta frustrado."

Los medios de difusión también desempeñan un papel importante en este condicionamiento programado. La niña es bombardeada con mensajes audiovisuales que le dicen lo que a ella le gusta o le disgusta, desde cereales para el desayuno hasta cosméticos. Los mensajes morales también intervienen en esta programación. "Buenas" amistades, sexo "decoroso" y la conducta "correcta" todos son mostrados de forma subliminal.

Cada uno de esos mensajes define un papel para la jovencita impresionable. La deducción tácita es: "Si no sigues esas líneas de orientación, eres mala y no serás apreciada." El mensaje de rechazo es claro. La separación y el abandono preocupan a todos los niños, a quienes el miedo lleva a aceptar la definición de cada papel. Si se apartan de la conducta prescrita, corren el riesgo de no ser amados.

Una vez programada dentro de la psiquis de una mujer, la silenciosa voz de la inferioridad manifiesta una característica que la convierte en una fuerza especialmente destructiva en la vida: es su cualidad de mantenerse a sí misma. ¿Cómo una persona puede permitir que continúe algo tan destructivo? La historia de Eleanor lo explica mejor.

Eleanor tenía cuarenta años y era presa de la trampa maternal. Como sucede habitualmente. Eleanor había tenido una dosis más que suficiente de desaliento y decepción. Ella sabía que debía hacer algunos cambios. Empezó buscando nuevas amistades. Se unió a un grupo de mujeres de su iglesia. Allí conoció a Gina, quien se convirtió rápidamente en su confidente más íntima.

Después de cada reunión, Eleanor y Gina tomaban café juntas para compartir sus sentimientos e intercambiar chismes. Gina entendía los temores de Eleanor y hacía lo posible por dar consejos de amiga. Pero eso nunca parecía ayudar. Como Gina le contó a otra amiga, " Eleanor está convencida de que no gusta a otras mujeres del grupo. Yo le digo que se equivoca, pero ella siempre encuentra pruebas que apoyan sus sospechas. Si una de las señoras la ignora accidentalmente, Eleanor queda persuadida de que esa mujer no la estima."

"Yo le digo que todo es pura imaginación suya, pero ella no se detiene a conversar sobre eso. Si no me muestro de acuerdo con ella, se fastidia conmigo. No deja de decir: "¿Por qué no simpatizan conmigo?". Le digo que ella es una persona maravillosa y que ellas le tienen simpatía. Ella dice: 'No, no es cierto.' No puedo lograr que me crea."

"Estamos llegando a un punto en que casi empiezo a detestar el estar con ella. Nuestras charlas están convirtiéndose en sesiones de quejas de Eleanor. Creo que yo no puedo ayudarla más, pero temo decirle cualquier cosa. Creo que ella no quiere que nadie la estime."

Gina había interpretado mal las quejas de Eleanor. Eleanor deseaba ser estimada y querida por la gente con tanta intensidad, que su desconfianza siempre la derrotaba. Ella no confiaba en que otra persona pudiera quererla. La voz de inferioridad le decía que ella, en realidad, no era digna de ser querida; por lo tanto, cualquiera que dijese que la quería debía de estar mintiendo.

Sin quererlo, Gina cayó en la trampa de Eleanor. Le dio algo que sólo alimenta a la inferioridad: compasión.

Eleanor había aprendido a manejarse con la inferioridad. Se consolaba a sí misma con palabras internas de autocompasión. "Oh, pobre de mí. Mirad lo que tengo que soportar. Nadie está peor que yo." Este compadecerse de sí misma reducía un poco el dolor causado por los sentimientos de inferioridad.

La autoestima negativa se sostiene a sí misma no sólo porque el cambio exige nuevas actitudes y conductas (y el cambio siempre es difícil), sino porque para lograrlo, una persona tiene que librarse de la autocompasión. Y cuando la autocompasión persiste, la persona pierde el autoconsuelo que la acompaña. Arrojar lejos un tranquilizador mental y afrontar desprotegida los problemas propios es quizás una de las experiencias más terribles que puede tener un ser humano. Para una mujer atrapada en la compleja telaraña de inseguridad y temor que constituye el dilema de Wendy, esta tarea se presenta nada menos que como digna de Hércules.

5

Controlando la imagen social

Wendy: Eso no lo dice una dama.

Las mujeres atrapadas por sentimientos de inferioridad caminan sobre alfileres. Son extremadamente cuidadosas de no ofender a nadie. Las aterroriza el pensamiento de que pueden no gustarles a alguien. Por lo tanto, hacen lo posible por controlar su imagen social y creen que la aprobación de otros disipará de alguna manera sus sentimientos de inferioridad. Pero el efecto es precisamente el opuesto. Cada vez que estas mujeres tratan de meterse dentro del molde de la imagen y la semejanza de otra, sus sentimientos de inferioridad se fortifican. En efecto, ellas se dicen "La yo verdadera es una persona mala. No puedo dejar que se muestre."

Una Wendy es una persona de muchos rostros. Es capaz de presentar la reacción "apropiada" en el momento "apropiado", complaciendo a otros y obteniendo, por consiguiente, respeto. No obstante, son otros los que controlan la definición de "apropiado". Ella cree que agradando a los demás, conquistará el respeto de sí misma. Nunca da resultado.

La búsqueda de aprobación es el elemento clave en el control de la propia imagen social. La aprobación de otra persona hace que Wendy se sienta bien. Pero como el sentirse bien está controlado por otra persona, esta mujer queda endeudada con la persona cuya aprobación busca. Le resulta casi imposible no tratar de complacer a esa persona.

La aprobación de otra persona tiene un efecto aditivo en la mujer inmadura. Domina temporalmente la voz interior de inferioridad, dándole a la mujer una sensación de seguridad. Sin embargo, en algún nivel de la conciencia, la mujer sabe la verdad: "La única razón por la cual me siento bien conmigo misma es porque esa persona me aprecia." Debido a que la simpatía y la antipatía de una persona cambian, la mujer se da cuenta de que su sensación de seguridad es precaria. Pronto debe buscar una aprobación más amplia, proyectando la imagen social "correcta".

Una mujer con fuertes sentimientos de inferioridad tiene un enorme apetito de aprobación social. Su hábito aditivo de complacer a otros exige una "dosis" regular de la misma. Está tan ocupada pensando en la próxima persona a complacer que nunca tiene tiempo de percatarse de que, en realidad, huye de la desaprobación, tarea eminentemente inútil.

DISTANCIA PSICOLOGICA

"Distancia psicológica" es un concepto que intenta explicar la sensación percibida de cercanía o alejamiento entre dos personas. Mientras más cerca se sienten dos personas en la relación de una con la otra, menor es la distancia psicológica que existe entre ellas. A la inversa, cuanto mayor es el alejamiento existente entre dos personas, mayor es la distancia psicológica. Cuando una Wendy busca aprobación, la intensidad de sus esfuerzos dependerá de la distancia psicológica existente entre ella y la persona cuya aprobación procura alcanzar.

Si la distancia psicológica es grande, como con la cajera del supermercado, la Wendy puede no experimentar mucho deseo de agradar. En realidad, puede sentirse tranquila, relajada con la cajera y, es triste decirlo, ser más ella misma que con cualquier otra persona con que se encuentre.

Si la distancia psicológica es moderada, como con su compañero de tenis o de trabajo, la mujer puede mantener la imagen social "correcta" con un mínimo de esfuerzo. Puede sentirse preocupada por la desaprobación, pero probablemente evitará la incomodidad, proyectando una imagen que prometa alabanzas y reconocimiento.

Si la distancia psicológica es escasa, como con su marido, su padre o su amante, la mujer experimentará el grado más alto de aprensión. Su tensión aumentará mientras ella busca la imagen "correcta" que debe proyectar. Probablemente su nerviosismo le hará decir o hacer cosas inapropiadas, por lo que sentirá que finalmente caerá sobre ella la desaprobación. Ella no puede ganar. Cuanto más se empeñe, mayor será el riesgo de desaprobación que correrá.

LEYENDO INDICIOS

Una Wendy puede entrar en una fiesta y, a los pocos minutos, "leer" los indicios que emanan de los invitados. Se convierte en una experta en observación del lenguaje no verbal. Las miradas de un hombre guapo pueden significar algo enteramente diferente de las de un hombre de aspecto corriente o las de una mujer. Las risitas, las carcajadas, las muecas despectivas y su secuencia y duración, todas tienen significados especiales. La mujer ha calculado sus reacciones a la luz de sus pasados éxitos y fracasos en control de imagen.

Generalmente es más fácil manejarse con multitudes grandes que con grupos pequeños. Con más personas y más dinámica social, es más fácil encontrar a alguien cuya aprobación pueda ganarse. En una reunión grande, la mujer puede dividir la habitación en cuadrantes y obtener aprobación de a un cuadrante por vez. Los grupos pequeños no permiten este lujo.

La controladora de imagen experimentada, por lo general, acierta más de lo que yerra en su lectura de indicios sociales. Sin embargo, nunca sabe con certeza cuándo puede interpretar equivocadamente un indicio. Por lo tanto, no importa el tamaño de la reunión, siempre se encuentra en un estado de incertidumbre.

Una mujer que sea hipersensible a la crítica social, reconocerá el orden de jerarquías en cualquier reunión. Las reuniones formales son más fáciles de interpretar que las informales. Su conocimiento de las jerarquías le permite concentrar sus esfuerzos donde obtenga la promesa o la recompensa más grandes. Una vez que ella decide ignorar a alguien, lo hace en un estilo convincente. Si más tarde descubre que se ha equivocado en su interpretación del orden de jerarquías, se disculpará con la persona que quizá ni siquiera advirtió que la ignoraban.

Se podría suponer que una Wendy prefiere evitar en lo posible las multitudes. Pero sucede lo contrario. Ella debe conseguir su "dosis" de aprobación de los demás, y llegará al límite para lograrlo. Para garantizar su éxito, permanecerá cerca de caras conocidas, donde confía en poder leer los indicios, en hacer una evaluación acertada de categorías y en decir o hacer lo "correcto" en el momento adecuado.

TACTICAS PARA COMPLACER

La mujer consciente de la imagen social tiene una reserva de tácticas para complacer, a las que puede echar mano para satisfacer las expectativas de los demás. Así como el diagnóstico de un médico sugiere un tratamiento en especial, la evaluación que una Wendy hace del potencial de aprobación de una reunión, la lleva a llevar a cabo tácticas planificadas previamente para complacer.

Un hombre hosco necesita ternura; un hombre tími-do recibirá un suave aliento. La esposa del presidente de la junta directiva se sentirá una reina oyendo súplicas solícitas y humildes. Un hombre gruñón recibirá una risi-ta. Un hombre de edad y distinguido, obtendrá alaban-zas.

Como puede verse, la mayoría de las tácticas para complacer están reservadas para los varones. Cuando una Wendy trata de complacer a los varones, no quiere nece-sariamente decir que esté flirteando con ellos. Con mucha frecuencia, trata de complacerlos, de la misma forma que una hija trataría de complacer a su padre. En realidad, es exactamente eso lo que está haciendo.

DECIR "NO" ESTIMULA EL SENTIMIENTO DE CULPA

La mujer dedicada a controlar su imagen social se entrega a la tarea hasta quedar agotada. Llegará hasta casi cualquier extremo a fin de evitar decir que no. Está segu-ra de que un "no" dará como resultado la desaprobación.

Culpará a otro de su imposibilidad de hacer algo. Inventará una excusa endeble antes de rechazar una invi-tación. Puede fingir una enfermedad como razón de su negativa. Si la invitación viene de alguien cuya aproba-ción ella desea desesperadamente, puede, en realidad, enfermarse como resultado de su exagerada aprensión.

PERDIDA DE IDENTIDAD

Hemos visto cómo el deseo de controlar su imagen social priva a Wendy de su identidad. No puede enorgu-llecerse del hecho de que se vende para obtener su próxi-ma "dosis" de aprobación. Si el control de imagen es monumentalmente importante para ella, se mirará al espe-jo y verá nada más que un reflejo de las demandas y pre-ferencias de otras personas.

La mujer que ha perdido su identidad (o que nunca la ha encontrado) es difícil de conocer. Durante la fase de cortejo de una relación, puede presentar una gran fachada de competencia y conocimiento de sí misma. Pero a medida que la relación se profundiza y la vulnerabilidad se vuelve una realidad, su fachada puede resquebrajarse y sale a la superficie su actitud de "No sé quién soy". Es entonces cuando su capacidad de controlar su imagen social se hace pedazos.

FICCION DE PODER

La mujer que se dedica a controlar su imagen social, cree poseer poderes mágicos. Se comporta como si tuviese la capacidad de hacer que otras personas piensen de un modo determinado. "Controlando mi conducta, yo tengo el poder de obtener aprobación y evitar la desaprobación. Puedo hacer que le guste a la gente más importante, incluso, puedo hacer que ellos no me desaprueben."

Esta ficción de poder le viene a la mujer desde su infancia. Ella aprendió a creer en esa noción irracional complaciendo a sus padres y evitando, de ese modo, el rechazo de ellos. Durante sus primeros años, este poder de un ego tan poco realista le ayudó a sentirse bien consigo misma, alejando el temor. En sus años de adulta, amenaza con privarle de toda posibilidad de felicidad. Por lo tanto, aunque en el pasado fue crucial para su supervivencia, en el presente puede destruirla.

6

El señuelo:
Un hombre Peter Pan

Peter: *Wendy, ven conmigo.*
Wendy: *Oh, Peter, no debo. Piensa en mi*
         madre. Además, no sé volar.
Peter: *Yo te enseñaré.*
Wendy: *Qué hermoso, volar.*
Peter: *Wendy, cuando estás durmiendo en*
         tu estúpida cama, podrías estar
         volando conmigo, diciéndoles cosas
         divertidas a las estrellas. Wendy,
         cómo te respetaríamos todos.

Si algunas de las actitudes y conductas esbozadas en los tres últimos capítulos le resultan conocidas, podría desear hacer el test ácido. Es decir, mirarse duramente usted misma a través de los ojos de su compañero. El puede ser una víctima del síndrome de Peter Pan y usted podría ser una Wendy. Si ese es el caso, usted también ha sido atraída a la Tierra de Nunca Jamás. Ha creído las mismas mentiras que él se dice a sí mismo. Las vacías promesas de él son el señuelo. Usted lo toma porque cree que haciendo de madre resolverá sus propios problemas.

Cuando le pido que se mire usted misma a través de los ojos del hombre al que ama, no estoy diciendo que, de alguna manera, usted es una extensión de él, incapaz de existir como una entidad separada. Más bien me estoy refiriendo al antiguo dicho: "Dime con quién andas y te diré quién eres." Si usted anda con un Peter Pan, existe una marcada probabilidad de que, en un grado u otro, esté haciendo de madre para él. Esto no quiere decir que usted sea una víctima pasiva de los caprichos de él. En realidad, indica que, al tiempo que se permite ser para él una sierva, usted consigue una sensación de control sobre su propia vida. Analizando cuidadosamente la conducta de él, podrá lograr ese destello de perspicacia tan necesario cuando usted está cautiva de una trampa psicológica y no lo sabe.

Las diez descripciones siguientes corresponden a conductas de un hombre Peter Pan. Lea cada descripción y decida si se aplica al hombre de su vida. Cada una contituye una pieza de señuelo que sirve para atraerla a la trampa del papel maternal de Wendy.

NO ES DE FIAR

Es encantador e ingenioso al comienzo de una relación, pero a medida que la vida se vuelve aburrida o tediosa, tiende a desaparecer, justamente cuando más se le necesita.

REBELDE

El considera las peticiones de usted como exigencias y encuentra numerosas formas de resistirse o rebelarse contra ellas. La dilación y el olvido son formas pasivas con las que él se rebela. El chantaje emocional es una forma más activa.

IRACUNDO

A menudo, cuando se siente frustrado, recurre a accesos de cólera. Casi está buscando una discusión a fin de ventilar su ira. A menudo, la cólera aumenta paralelamente con el consumo de alcohol.

INDEFENSO

Parece tener problemas que no puede solucionar. A veces, la vida parece abrumarlo, y usted se siente impulsada a ayudarlo con problemas que él debería ser capaz de resolver solo.

NARCISISTA

Tiene dificultad para pensar en otras personas además de sí mismo. Su falta de empatía le prohíbe "ponerse en el lugar de otros". No entiende por qué usted se altera y tampoco trata de comprender.

DIGNO DE COMPASION

Hace pucheros, se enfurruña y exhibe de otras maneras una debilidad que apela directamente a los instintos maternales de usted. Se queja de que nunca se divierte, pero no parece dispuesto a hacer otra cosa que no sea quejarse de eso.

TIENE SENTIMIENTOS DE CULPA

Se manifiesta arrepentido en lo que se refiere a su relación con su padre y madre, especialmente el primero. Mientras expresa resentimiento hacia su madre, exhibe una añoranza especial de intimidad con su padre.

DEPENDIENTE

Aunque usted le dedica a menudo consideración especial, él nunca parece retribuírselo. Responderá a las necesidades de usted, pero sólo después que usted se haya quejado de su indiferencia.

MANIPULADOR

Usted nunca sabe con certeza si él está siendo sincero o si sólo está diciendo algo a fin de conseguir que usted haga algo. Parece el perfecto embaucador.

RESERVADO

Hay en él algo que a usted la desconcierta continuamente: su aspecto de "muchachito". Puede ser maravillosamente juguetón y amoroso, pero cuando trata de tocar esa gentil parte de él, esta desaparece. Si usted le pregunta sobre eso, los sentimientos de él se convierten en piedra.

Si alguna de las descripciones que acaba de leer le resultan conocidas, usted puede estar unida a un Peter Pan, cuya falta de crecimiento hacer salir a la superficie los más fuertes de sus inapropiados instintos maternales. Así como un hombre no puede ser siempre una víctima del Síndrome de Peter Pan sin tener una Wendy en su vida, una mujer cautiva en la trampa de Wendy, muy probablemente está casada, o vive, o sale con un Peter Pan.

Los capítulos siguientes exploran en detalle diversas formas de ejercicio inapropiado de los instintos maternales, o sea lo que yo llamo las respuestas de Wendy.

PARTE III

LA TRAMPA SE CIERRA

Una mujer atrapada en la trampa de Wendy exhibe conductas que sugieren que está representando el papel de madre. A estas formas de comportarse yo las llamo respuestas de Wendy y las he agrupado en ocho categorías:

Negación — "Estas cosas no están sucediendo."
Exceso de protección — " El no puede arreglárselas sin mí."
Tendencia a la posesión— "Yo no puedo arreglármelas sin él."
Quejas — "Esto ha llegado demasiado lejos."
Juicio — "Lo resolveré dicié23ndole lo que tiene que hacer."
Martirio — "Lo resolveré sacrificándome más."
Castigo — "Lo resolveré haciendo que él empiece a mostrar progresos."
Tocando fondo — "No puedo resolverlo. Me rindo."

Las respuestas de Wendy suelen desarrollarse en secuencia. Cuando las mujeres se sienten frustradas por la falta de efectividad de la negación, tienden a deslizarse hacia el exceso de protección. La tendencia a la posesión, las quejas, el juicio, el martirio y el castigo suceden en reacción a una continua búsqueda de una solución. El tocar fondo puede ocurrir en cualquier punto de la secuencia.

Las respuestas también tienen una naturaleza concomitante, ya que una mujer puede exhibir distintos tipos dentro de una situación dada. Por ejemplo, digamos que usted y su compañero discuten acerca de concurrir a una fiesta; él quiere ir y usted no. Usted le aplica calificativos desagradables —castigo verbal—, le reprocha que no pase con usted suficiente tiempo en privado —queja y posesión—, y después siente lástima de usted misma —martirio—, cuando finalmente decide ir, fingiendo que todo el tiempo ha tenido ganas de hacerlo —negación—.

Las respuestas tienen una naturaleza superpuesta. Si una mujer niega que su compañero es demasiado exigente en cuestiones sexuales, uno podría decir que ella también está protegiéndolo de una confrontación sobre actitudes sexuales. Si una mujer se queja constantemente de la tendencia a la posesión de su relación, esas quejas pueden tomar fácilmente el carácter de martirio.

Cuando estudie las respuestas de Wendy, recuerde que éste es un análisis tipo libro de texto. Raro es el caso en que una mujer exhibe todas las respuestas. Yo he extraído más conclusiones de años de observación de muchas mujeres.

Preste atención al capítulo 14. Reconocer respuestas que pueden reflejar el toque de fondo puede ser crucial para su solución del dilema de Wendy. La buena noticia de tocar fondo es que desde allí hay solamente un lugar adonde ir.

7

Negación

"No entiendo por qué mi marido es tan cruel conmigo. Gana mucho dinero y dice que me ama. Pero, caray, puede llegar a ser muy mezquino. Supongo que se debe a que trabaja tanto."

Todas están familiarizadas con la clásica imagen de tres figuras, una con las manos sobre los oídos, otra con las manos sobre los ojos y la tercera con las manos sobre la boca. El epígrafe dice: "No oigas el mal, no veas el mal, no digas el mal." Si usted cambia el mal por los problemas, está definiendo una de las respuestas de Wendy más comunes: negación. "No oír problemas, no ver problemas, no mencionar problemas."

Las mujeres que usan la negación en la relación con sus compañeros están eludiendo sus sentimientos y, básicamente, dejan pasar una oportunidad de cambiar sus vidas. He aquí algunos ejemplos de cómo emerge la negación como una respuesta de Wendy.

La mujer ignora el egoísmo de su compañero (mi dinero, mi automóvil, mis amigos).

Disculpa con un pretexto el continuo mal humor de él ("Está disgustado con su madre").

Se dice continuamente a sí misma lo mucho que él la ama, aunque continúe siendo insensible a las necesidades de ella.

Se considera afortunada cuando lo puede ver, dados los horarios de ocio y de trabajo que él ha establecido para sí mismo.

Dice: "El es un gran tipo. Me deja hacer todo lo que yo quiero", sin advertir la subordinación implícita en esa afirmación.

Ella sabe que algo está mal, pero encuentra una forma de restarle importancia.

La cita con que se inicia el presente capítulo viene de una tal Sissy, de treinta y cuatro años de edad. Ella sabía que algo andaba mal. Sentía la crueldad y la mezquindad de su compañero. Miró a su alrededor en busca de una razón, y finalmente decidió que él trabajaba demasiado. Nunca se le ocurrió que él era cruel con ella porque había un problema en su relación. Quizás era culpa de él, o de ella, o más probablemente, de los dos. Pero la culpa no podía ser determinada o el problema resuelto hasta que alguien admitiese que existía.

El marido de Sissy era totalmente indiferente al estado emocional de su matrimonio. Si Sissy no hubiera tratado de hacer algo con respecto a los problemas de ambos, él nunca hubiese considerado la necesidad o la posibilidad de un cambio. Desafortunadamente, aunque Sissy sentía que algo andaba mal, usaba la negación para bloquear una admisión abierta.

La negación frustra a los demás porque un problema se mostrará o parecerá evidente, y sin embargo, la persona no puede verlo. La negación a menudo comienza como un pasar selectivamente por alto las cosas. He aquí cómo la hermana de una negadora describía su frustración:

"Le digo a mi hermana que afronte la realidad... Su marido es un estúpido. El nunca me gustó, sobre todo por la forma en que la trata a ella. Pero ella no quiere admitirlo. Hablo hasta quedar afónica diciendo siempre las mismas cosas. Y ella siempre me da la misma respuesta: 'Todo andaría muy bien si sólo pasáramos más tiempo juntos.' Entonces yo termino gritándole. Caray, ella me pone furiosa. Pese a que es una muchacha lista, también puede llegar a ser una estúpida."

La negadora no está loca. Desde luego, no ve muy claramente la realidad. Pero es una omisión de elección, el resultado de un mecanismo psicológico conocido como bloqueo: "No quiero verlo porque me causará dolor." Esta decisión es tomada a un nivel bajo de conocimiento consciente, pero, no obstante, es una elección. Podríamos decir que es una decisión que no se decide.

La negación de Sissy era tan insidiosa que se extendía hacia otra respuesta de Wendy, el exceso de protección. Estaba acostumbrada a que contara siempre con ella y no dudaba en atender y servir a su marido sobre manos y rodillas. Rápida para inventar excusas para su compañero, hasta se ponía de parte de él cuando explicaba por qué él era insensible con las necesidades de ella. Puede oírse la protección en exceso de la reacción de Sissy en una confrontación sobre la crueldad de su compañero.

"En realidad, no es esa su intención. Si él supiera que realmente me causa dolor, se detendría. Si supierais cómo es él interiormente comprenderíais. A él no le gusta que nuestros problemas se lleven fuera de casa. Dice que nosotros mismos podemos resolverlos. Dice que yo me altero demasiado por cosas pequeñas. Estoy segura de que él tiene razón. Dice que nuestros problemas no son diferentes de los de cualquier otro matrimonio. En realidad, yo no debería decir nada malo de él a sus espaldas."

"La verdad es que es un gran tipo."

Esta reacción es típica de la negadora. Se engaña a sí misma. Su corazón está en el lugar correcto, y sus intenciones son buenas. Y es difícil encontrar culpabilidad en alguien que sólo está tratando de seguir adelante.

Pero ahí está la contradicción. Una negación de Wendy es una expresión de falsa fortaleza. "Yo no tengo miedo; mirad lo fuerte, brillante y comprensiva que soy. En realidad, soy bastante madura y puedo afrontar mis decepciones como una persona adulta." Esas son las palabras con que una negadora evita resolver sus necesidades de dependencia.

Algunos psicólogos llaman a esto una formación de reacción, un mecanismo con el cual una persona oculta o cubre un temor yendo al extremo opuesto. "Yo soy fuerte, valiente, y no siento dolor." Esta formación de reacción niega y disfraza el dolor interior. En algunos casos, puede llevar a nuevas complicaciones, de las cuales una de las peores es el perfeccionismo.

Cuando interrogamos a la mujer citada más arriba acerca de las tendencias perfeccionistas de su hermana, ella replicó con un reconocimiento instantáneo:

"Yo diría que ella es una perfeccionista. Todo tiene que estar bien, pero en realidad nunca lo está. Juro que si dejo caer una ceniza de mi cigarrillo en uno de sus ceniceros, a ella le es casi imposible sentarse a conversar conmigo sin limpiar antes ese cenicero. Una podría comer en el suelo de su cocina, y sus chicos parecen recién salidos de un anuncio de ropa para niños. Realmente, me pone nerviosa estar cerca de ella."

A menudo, la negadora siente que si trabaja con el empeño suficiente y se aferra a su objetivo de perfección, sus problemas desaparecerán. Con mucha frecuencia, cuanto más fuerte es su compulsión hacia la perfección, más grande es su dolor interior.

Si la negativa tiene éxito, puede continuar durante años. Quizá toda la vida. Muchas mujeres de alrededor de cincuenta y cinco a sesenta y cinco años, son tan cabales en su negación que hay poca, si es que hay alguna, esperanza de que alguna vez confronten sus verdaderos sentimientos. Veamos lo engañoso que puede ser un sistema de negación perfeccionado.

"He tenido una vida maravillosa. He estado casada con el mismo hombre maravilloso más de treinta y siete años. Nunca me he quejado por no ser lo primero en su vida. Su trabajo es muy importante y él ha tenido mucho éxito. Nunca me ha faltado nada. Yo sé que él me ama, no es necesario que me lo diga. Y yo lo amo sin exigirle nada;

eso es verdadero amor. Nunca pido nada a cambio. Eso fue lo que dije en mis votos matrimoniales y los he cumplido al pie de la letra. Una se siente bien al dar amor; esa es la misión de una mujer."

Lágrimas de tristeza brillaban en los ojos de esta mujer mientras daba testimonio de la futilidad del amor unilateral. Se hubiera podido suponer que tenía un martirio considerable sepultado debajo de su negación, pero no era ese el caso. Ella, simplemente, había renunciado a esperar amor en retribución y había usado la negación para vivir con el dolor. Simplemente, no trataba de superar el dilema de Wendy.

La vida de Sissy es un ejemplo trágico de lo que puede sucederle a una negadora/sobreprotectora cuando insiste en el camino de la ceguera selectiva. Al tratar de evitar el dolor por no recibir amor en retribución, Sissy estaba dejando fuera un resabio de dolor que venía desde su infancia. La negativa le daba la capacidad de excluir tanto a su presente como a su pasado.

El sistema de negación de Sissy, evidentemente, no era perfecto. A ella le avergonzaba admitir que muchas noches lloraba hasta quedarse dormida sin siquiera saber por qué. A menudo le resultaba difícil levantarse por la mañana y se sentía llena de sentimientos de culpa cada vez que deseaba que su marido fuese más bueno o amable con ella. Cuando la interrogaban sobre su vida fuera del hogar, Sissy revelaba la existencia de problemas serios.

—Me gusta salir con las chicas. Juego a los bolos o a las cartas, y después del trabajo voy a tomar una copa. En casa nunca bebo, sólo lo hago cuando salgo.

Resistió las preguntas sobre su conducta alcohólica, negando que tuviera un problema. Fue necesaria una confrontación llena de tacto para descubrir que tomaba varias copas (las suficientes para darle una sensación de liviandad) cada vez que salía con las amigas. Fue necesario un interrogatorio todavía más cuidadoso para descubrir que, habitualmente salía "con las chicas" cuatro o cinco noches a la semana.

Sissy estaba llegando al final de la cuerda. Aunque esta es una situación triste, puede obligar a la negadora a hacer algo con respecto a su vida. En demasiados casos, sin embargo, sólo aumenta la fuerza de la negación. Se podría decir que dentro de la negadora hay una voz que clama desesperada por paz interior. Este grito particular puede originarse profundamente dentro del proceso inconsciente, pero se expresa en símbolos que aparecen en la realidad cotidiana.

Una negadora que estaba tocando fondo expresó su "problema" con un simbolismo difícil de entender. Dijo que su temor parecía bastante sencillo, pero el simbolismo detrás del mismo sugería que era otra la verdadera causa. Veamos si usted puede descifrar el temor simbólico contenido en descripción del "problema".

"Me es sumamente difícil ir a cualquier parte. Me pongo nerviosa de solo pensar en sacar mi automóvil del garaje marcha atrás. Me tranquilizo pensando que sé conducir bien, pero me lleva un momento. Puedo llegar a mi destino mientras no tenga que cruzar ningún puente o paso a nivel. ¿Sabe usted cuántos puentes y pasos a nivel hay en el mundo? Millares, y yo parezco tener que cruzarlos todos. No puedo soportarlo".

"Cuando tengo que pasar necesariamente por uno, creo que voy a desmayarme. A veces creo que nunca debería conducir automóviles. Todo lo que pienso es que no hay nada debajo de mí que me sostenga."

"Después que paso sobre un puente, mis manos quedan sudorosas y siento frío en la espalda. Parece pasar una eternidad hasta que otra vez puedo pensar correctamente. En realidad debería hacerme hipnotizar a fin de librarme de ese miedo."

La mujer, en realidad no sentía miedo de pasar sobre los puentes. Su reacción de temor era real (palmas sudadas, escalofríos), pero la causa no era la que parecía ser. Escuche atentamente una oración y piénselo. "Todo lo que pienso es que no hay nada debajo de mí que me sostenga."

Hay dos puntos importantes que descubrir en el simbolismo de esta mujer. Primero, a ella se le escapa la realidad que tiene directamente delante. Tiene necesidades de dependencia no resueltas y busca fuera de sí misma la respuesta. Segundo, las negadoras a menudo esperan una solución rápida de sus problemas. El hipnotismo es un buen ejemplo de una solución externamente controlada, que no da resultado con temores simbólicos. —Las píldoras son otra—.

No toda la negación se oculta tras un simbolismo confuso. A veces, la preocupación consciente refleja una afirmación relativamente clara del problema real. He aquí un problema típico expresado con un mínimo de simbolismo.

"Estoy enamorada de un hombre casado. El dice que me ama y está planeando obtener el divorcio. Sé que este es un momento muy difícil para él y que necesita todo el amor y la comprensión que yo pueda darle. Cuando las cosas en su hogar andan realmente mal, él viene y se queda conmigo. Pero en cuanto todo empieza a mejorar, regresa a su hogar, junto a su esposa. Eso duele de veras. Siento que me están usando. Y no me gusta esa sensación. Quiero aprender a ayudarle".

Esta mujer está negando un hecho bastante claro. El hombre está usándola. Ella lleva razón en su evaluación de la conducta de él. Pero en algún nivel de la conciencia teme admitir la verdad. Su temor a perderlo probablemente sería la primera cosa que ella admitiría si hablara con un terapeuta hábil. Pero ni siquiera esa es la verdad. Si ella hiciera frente a su negación, en primer lugar debería admitir que sólo está fingiendo tenerlo a él.

La negación se da en cierto grado en todas las mujeres que hacen de madres de sus compañeros. Muchos psiquiatras y psicólogos creen que una mayoría de personas usan este mecanismo de defensa para ocultar a su mente consciente alguna verdad desagradable. La negación es tan habitual en las vidas de muchas personas que se da por descontada y no se ve como un concepto negativo. Uno de mis profesores en la escuela para graduados decía esto acerca de la popularidad y del tratamiento de la negación.

"Todas las personas tienen una parte de verdad que desean negar. Como terapeuta, uno debe afrontar la negación con suavidad pero con firmeza hasta que el paciente reconozca su proceso inconsciente."

"Sin embargo, si el paciente o la paciente niega que puede estar atrapado en la negación, uno debe recoger sus tarjetas de Rorschach e irse a casa, pues no tiene ninguna posibilidad."

La negación es también la primera respuesta de Wendy que se usa y la última que se abandona. Tiene un poder milagroso para permanecer — recuerdese la mujer de sesenta años—. Y más allá de su popularidad, está su simplicidad: "No quiero pensar en ello, por lo tanto no lo pensaré." Pensándolo bien, es una característica bastante asombrosa, similar a un microprocesador que llevamos sobre nuestros hombros.

La negación no es sólo popular y sencilla, sino que también es bastante peligrosa. El peligro de la negación yace en su aparente carácter inofensivo. Es fácil creer que algo tan sencillo no puede causar mucho daño. No obstante, la simplicidad de negar la verdad rápidamente puede desarrollar tentáculos que se estiran y ahogan hasta quitarles la respiración a muchos aspectos significativos de la vida de uno.

Esta negación suena bastante inofensiva:

"No me hace ningún bien pensar en la actitud de él. Estoy mucho mejor si le dejo que haga lo que quiera. Al final él superará lo que le está molestando. Muy pronto, se enmendará. No puedo perder el tiempo preguntándome con qué saldrá él a continuación."

La negación de esta mujer está creando una distancia psicológica entre ella y su compañero. Si esa distancia continúa creciendo, ella tendrá que aumentar la fuerza de su negación a fin de tratar el dolor generado por el creciente distanciamiento. Si no se le presta atención, esa negación, y la distancia psicológica resultante, seguirán una escalada hasta el punto en que el amor será seriamente dañado. Lo que pudo comenzar como un simple acto de evitar la verdad, probablemente acabará en una relación resquebrajada llena de interminables acusaciones y de insidiosa amargura.

La negación, por lo general, es un proceso inconsciente. Sin embargo, no siempre es encubierta. Aunque la mujer que niega pueda no percatarse de que eludiendo la verdad sólo conseguirá aumentar o intensificar sus problemas, en realidad puede percibir su negación y, sencillamente, no darle ninguna importancia. Este tipo de negación podría ser considerada como negación militante. Cuando ocurre este tipo de negación, uno se pregunta si el amor ya no está muerto. Juzgue usted misma.

"No veo futuro alguno en pensar en mis problemas. Tengo mi casa, mis hijos, y él me da el cheque de su salario. Lo pasamos bien juntos una o dos veces al mes. Y cuando él se comporta como un niño malcriado, yo le digo que salga o que vaya a beber con sus amigos y me deje tranquila. El lo hace y yo me quedo en casa, sentada leyendo. Da muy buen resultado."

La negación de esta mujer contiene fuertes corrientes subterráneas de resentimiento y amargura. No sólo ella niega la forma como la trata su compañero, sino que también trata de esconderse de su propio dolor. Es una candidata especial para un romance extraconyugal. Si encuentra un hombre que le muestre la belleza de amarse y quererse, probablemente ella abandonará a su marido sin mirar atrás.

8

Exceso de Protección

"En realidad, no debería enfadarme con él; él es un encanto. Pero tendrías que ver lo que hace con mi cocina cuando trata de prepararse algo de comer. Juro que se moriría de hambre si a mí llegara a pasarme algo."

El exceso de protección es la respuesta de Wendy más común. Contiene un elemento de negación, pero es mucho más. La mujer ve las debilidades de su compañero como graciosas y divertidas mientras que lo protege de ellas. Al proceder así, se protege a sí misma de tener que enfrentarse con las suyas propias. En su confusión, convierte la infantil torpeza de él en una razón para hacerse indispensable.

He aquí algunos ejemplos de respuestas protectoras en exceso de Wendy:

• Una mujer presenta a sus amistades excusas por los malos modales de su compañero y se disculpa por la conducta de él.

• Una esposa hace todo lo posible para que su marido no tenga que esperar la cena. También arregla sin decir nada el desorden que deja él, pues no quiere alterarlo.

• Una mujer, en una fiesta, aparta una copa de su compañero. Esconde bocados especiales para que él no los coma de una sola vez.

• Le deja notas escritas para que no olvide hacer cosas que son importantes para él —cobrar el cheque de su salario, por ejemplo—.

• Una mujer llega a actitudes extremas para que los niños no molesten al padre.

Nada de malo tiene proteger a su compañero. La protección fluye naturalmente desde el amor. Pero cuando la protección es excesiva, seguramente aparecerán problemas. Escuchamos a una mujer cuyas afirmaciones no sugieren una respuesta de Wendy.

"Me gusta prepararle la cena, frotarle la espalda y hacer pequeñas cosas que a él le ponen contento. Y me siento segura sabiendo que, cuando yo esté enferma o cansada, él hará las mismas cosas por mí."

Comparemos esa afirmación con esta otra de una mujer que cree que está sirviendo a su compañero de la misma forma.

"Cuando él está enfermo, me necesita de veras. Puede ponerse como un bebé. Gime y se queja; es tan amoroso. Pero cuando yo enfermo, lo mataría. Espera que yo me levante de la cama y le prepare la comida. A veces, creo que es peor que un niño pequeño."

El ingrediente esencial presente en la primera declaración, pero ausente en la segunda, es la reciprocidad. La primera mujer sabe que recibirá consideración especial, de modo que se siente feliz sirviendo a su compañero. La segunda está acostumbrada a servirle, pero nunca se ha comportado de la misma forma. La primera mujer es la compañera y amiga de confianza de su pareja; la segunda, su madre.

Con el conocimiento antipado de la reciprocidad, una mujer que sirve y protege a su compañes es libre de hacerlo. Esto queda reflejado en la declaración de la primera mujer. A ella le gusta hacer cosas para su compañero, y uno tiene la impresión de que a él le gusta retribuir los favores de ella. Es para ella un placer protegerle según su capacidad.

La segunda mujer sabe que, probablemente, no recibirá ningún favor en retribución. En sus palabras hay una nota de resentimiento. Su compañero puede decir que la ama, pero no lo demuestra según las pequeñas formas que tanto cuentan. Si esta mujer se convirtiera en una Wendy quejica, expresaría su disgusto por la falta de reciprocidad directamente a su pareja. Si él fuera insensible a las necesidades de ella, se resentiría ante esas quejas. Si los lamentos continuaran, intentaría apaciguarla dándole algún objeto material, cuyo precio reflejaría la magnitud de las quejas de ella. Las cosas materiales, sin embargo, no son ejemplos de lo que yo quiero decir por reciprocidad en especie.

Todos los regalos del mundo no pueden compensar la falta de reciprocidad. Una mujer que acepta presentes como "lo mejor que puede hacer mi compañero", se sentirá confundida por el aumento del resentimiento y la amargura dentro de ella. Hasta podría sentirse culpable por no estar agradecida. Sin embargo, ella siente, sencillamente, una expectativa normal: quiere que el dinero salido de la billetera refleje un pensamiento salido del corazón. Un hombre que ve a su mujer como "un grano en el trasero" cree que puede borrar el dolor de sus posaderas sacando su billetera.

Cuando falta la reciprocidad, la protección puede fácilmente volverse excesiva. Hay una diferencia del día a la noche entre protección y exceso de protección. Para verla, consideremos un problema que se presenta en muchas relaciones: la madre de él.

Muchos hombres no han resuelto sus necesidades de dependencia de una figura maternal. La ambivalencia, la rebeldía y la culpa a menudo están presentes en cualquier interacción entre un hombre y su madre. Un análisis de una situación ayudará a aclarar la diferencia entre protección racional y excesiva protección contraproducente. Póngase usted misma en la situación y vea de qué lado de la cerca cae.

Es el día de Año Nuevo. Suena el teléfono y usted responde. Es la madre viuda de su marido, que quiere que él vaya inmediatamente y le haga el cálculo de impuestos que ella debe pagar. Usted sabe que él quiere ver el fútbol en la televisión, pero va al cuarto de estar y le da el mensaje. La madre está esperando una respuesta en el teléfono.

Su marido se queja de que su madre siempre lo interrumpe en los momentos menos oportunos. Señala que los impuestos no deben ser pagados hasta dentro de varios meses y que su madre se preocupa sin necesidad. Usted acepta darle un mensaje a su suegra. ¿Cuál será ese mensaje?

La superprotectora podría decir: "Mamá, Joe está ocupado en este momento y no puede ponerse al teléfono. Comprendo que esté preocupada. Yo iré esta misma tarde y la ayudaré a comenzar. Quizá Joe pueda revisar nuestro trabajo mañana."

La protectora podría decir algo así: "Comprendemos su preocupación, mamá. Pero tranquilícese, todo saldrá bien. Joe la llamará dentro de un rato."

La diferencia obvia entre las dos es que la primera echa sobre sus hombros la responsabilidad de su compañero. Lo que empieza como problema de él se convierte en problema de ella. La protectora ayuda a su compañero sin aliviarlo de sus problemas. Le presta una ayuda temporal, con el entendimiento de que más tarde él resolverá su propio problema.

La protección en exceso priva a ambas partes de la individualidad. Si una mujer asume siempre cargas que no son suyas pierde de vista la línea demarcatoria que separa sus problemas de los de su compañero. El desarrollo de la individualidad a través de un progreso del autoconocimiento no puede producirse cuando un adulto toma las cargas de otro adulto, que supuestamente es miembro de un equipo de colaboradores. Es entonces cuando una relación empieza a destruir a los individuos involucrados.

Esta no es necesariamente una calle de un solo sentido.

Con mucha frecuencia, existe un extraño equilibrio que se introduce subrepticiamente en una relación contaminada de exceso de protección. La mujer sobreprotege a su "indefenso" compañero en ciertas áreas, mientras que el hombre sobreprotege a su "indefensa" compañera en otras.

Esas áreas, habitualmente, están difinidas por tradicionales restricciones de papeles. "Ama de casa" y "repartidor de pan" definen típicamente cómo está dividida la conducta sobreprotectora.

Escuchemos primero a un hombre, y después a una mujer, hablar de sus fuerzas y debilidades relativas.

—Ella no es capaz de interpretar un mapa para salvar su vida. Si alguna vez fuera a un lugar nuevo en el otro lado de la ciudad, me estremezco al pensar en las consecuencias. Podría no volver a verla durante varios días. Y probablemente, ella se quedaría sin gasolina, o trataría de poner gasolina donde se pone el aceite. Es encantadora, pero no puedo sentirme seguro cuando le confío un automóvil.

La mujer ríe tontamente, como agradeciendo los comentarios de él. Más tarde, comenta habilidades domésticas de su marido.

—La otra noche trató de preparar la cena. ¡Qué desastre! Dejó que la grasa de las hamburguesas se derramara por el borde de la sartén, inició un incendio y quemó dos de mis mejores paños de cocina para apagarlo. Después, usó una esponja de acero en mi parrilla de teflón y la destrozó. Creo que nunca volveré a quejarme de que se quede viendo el fútbol en la televisión. Por lo menos, así mi cocina queda a salvo.

El hombre ríe tontamente, como agradeciendo los comentarios de su esposa sobre su "incapacidad".

Esta pareja mantenía un equilibrio de poder a través de la mutua acusación de estupidez. La mujer obtenía un sentido de su propia valía y de control sobre su propia vida, protegiendo a su marido de la incapacidad de cuidarse solo en un "mundo de mujeres". El propio respeto del hombre como esposo se expresaba en su capacidad de proteger a su esposa del fracaso en un "mundo de hombres". Cada uno, desde luego, tenía la capacidad de aprender técnicas de supervivencia en el área del otro. Por lo tanto, la protección que ejercían era excesiva y se alzaba como obstáculo en el camino de un crecimiento continuo de la relación. Lo más perturbador era la forma como ellos se reían de su propia inmadurez.

Detrás del exceso de protección, siempre hay una sugerencia de debilidad. "El no sabe, por lo tanto debo hacerlo yo" es la afirmación que hace la mujer en apoyo de su propia servidumbre. Pero esa es una conclusión irracional basada en la incapacidad, cuando en realidad se trata de falta de voluntad.

Una mujer señalaba cómo las cosas pequeñas la atrapaban.

"Comenzó antes que nos casáramos. Yo me cercioraba de que él tuviese dinero en su monedero. No era una cosa grande. El lo agradecía y a mí me gustaba hacerlo. Después, empecé a recordarle que llamara todos los domingos a su madre por teléfono. Eso tampoco parecía nada grande. Fue menester una conversación con su madre para percatarme de lo que estaba sucediendo. Estábamos hablando acerca de cómo Sam se olvidaría su cabeza si no la llevase pegada al cuerpo. Ella dijo: 'Pobre Sammy, siempre necesita a alguien que cuide de él. Me alegro de no tener que hacerlo más.' Después que colgué el teléfono, tuve dos reacciones. Me sentí agradecida a la madre de Sam por haberme despertado; al mismo tiempo, me sentí disgustada con ella por hacer a su hijo tan dependiente de una mujer."

La mujer Wendy encuentra una extraña sensación de consuelo en la debilidad de su compañero. La hace sentirse necesaria, y ser necesaria es un tónico para sus sentimientos de rechazo e inferioridad. Si tiene sentimientos negativos sobre ella misma, estará dispuesta a pagar cualquier precio por un sentido de pertenencia. En un día cualquiera, ese precio no parece excesivo. Pero cuando el precio aumenta, finalmente llega un punto donde el pago es algo que ella no puede asumir.

Escuche una historia de cómo una protección en exceso, simple, moderada, llegó al punto en que una mujer temió por su vida. Sitúe en esta historia los puntos en que una mujer hubiera debido ver el peligro que la acechaba.

Betty era una mujer de treinta y ocho años, enamorada de un Peter Pan de treinta y cuatro. Llevaban dos años viviendo juntos, pero debido a la inmadurez y a los excesos en la bebida de Todd, Betty decidió que tenían que separarse unos meses. Después de quejarse por ser expulsado de su propia casa y amenazando con ajustar cuentas con ella, Todd regresó a la casa de su madre (nunca había cambiado su dirección en su permiso de conducir o su talonario de cheques). Las cosas parecieron calmarse, de modo que Betty y él empezaron nuevamente a salir juntos.

Antes de una de sus salidas, Betty le pidió a Todd que fuera temprano para ayudarla con una cañería de la casa que se había roto, pero él no apareció a la hora que dijo que iría. Cuando más tarde la llamó, respondió a las preguntas de ella acerca de qué había pasado, diciendo: "Bueno, tú me dijiste que aprendiera a relajarme. De modo que cuando estaba pasándolo bien en casa de mi amigo, me sentía tan relajado que decidí no preocuparme por tu cañería." Cuando advirtió que Betty estaba enfadada, él empezó a disculparse con su familiar voz de muchachito, una mezcla de gemidos agudos y de sílabas tontas puestas al final de las palabras. "Todd-y está muy tris-te por disgustar-tar a Betty-ty." Esto siempre hacía reír a Betty, y eso era una señal de que sus quejas no merecerían la desaprobación de Todd.

Todd todavía estaba de humor infantil cuando llegó a la puerta con tres botellas de vino como oferta de paz. Cuando Betty le recordó que ella no bebía vino, Todd respondió: "Oh, tontito de mí. Todd-y se olvidó-dó otra vez."

Mientras Betty terminaba de vestirse para la cena, Todd no se le despegó, expresando su pena de su tonta manera. Puso la cabeza sobre el hombro de ella y dijo: "Tienes que perdonar a Todd-y."

Betty empezaba a impacientarse con la tonta conducta de Todd y siguió diciéndole que ya no estaba enfadada. Sólo quería tener una cena tranquila. Como de costumbre, Todd le preguntó adónde quería ir, y Betty eligió un lugar. En el camino hacia allí, Todd fue poniéndose progresivamente hosco. Ella trató de entablar una conversación animada, pero él quería hablar de valores, moral y filosofía. Betty quería evitar esa clase de conversación, porque cada vez que Todd buscaba un pretexto para discutir, llevaba la conversación en la dirección de algún tema subjetivo. El resultado era siempre desacuerdos y escenas de cólera.

Cuando se sentaron en el restaurante, Todd estaba fastidiado por las tácticas elusivas de Betty. Ella pensó que una corta visita al lavabo les daría a los dos una oportunidad de empezar de nuevo. Cuando regresó, Todd estaba poniéndose su abrigo y tenía la expresión de querer matar a alguien. Ella preguntó qué sucedía.

—Nos vamos de aquí —dijo él—. A una pareja elegante y agradable como nosotros, nos ponen en una mesa asquerosa y no saben cómo corregir su equivocación.

La sugerencia de Betty de que pidiera otra mesa, recibió una cáustica respuesta.

—Si estos idiotas no saben cómo hacer las cosas, yo no voy a enseñarles.

Cuando Todd le preguntó a Betty dónde quería ir a continuación, ella trató de evitar una respuesta por temor a irritarlo todavía más. Por fín mencionó otro lugar, pero Todd empezó a golpear el volante y a insultarla por ser tan estúpida.

—Eso es peor que donde estuvimos hace un momento.

Su forma de conducir se volvió descuidada mientras él le reprochaba falta de sensibilidad hacia sus sentimientos. Sin ningún aviso, él hizo un giro en U en medio de una calle angosta y con mucho tránsito, y por centímetros no se estrelló contra otro automóvil. Betty aferró la manilla de la puerta, segura de que iban a chocar. Apretó los labios para no decir nada. Sabía que él podía golpearla, y entonces perdería completamente el control del automóvil.

Todd continuó con la forma en que la gente parecía gozar haciéndole sufrir. Betty no decía nada, temerosa de que una palabra inadecuada causara un accidente. Después de un minuto de silencio, sugirió quedamente que compraran una pizza y volvieran a casa. Todd accedió y le preguntó si en el camino deseaba detenerse en el banco, como había dicho antes.

—Sí, desde luego —dijo Betty.

Cuando la circulación hacia la ventanilla para automovilistas se hizo lenta. Todd empezó otra vez a golpear el volante. —Este es el banco más cochino y estúpido del mundo. ¿Por qué demonios tienes una cuenta aquí? ¿No sabes que este banco lo usan sólo los idiotas?

—Vámonos —murmuró Betty.

Todd retrocedió, salvándose apenas de chocar con otro automóvil, y siguió marcha atrás hasta la calle. De pronto, ella advirtió que iban en la dirección equivocada.

El le gritó a Betty:

—Me pones tan alterado que ni siquiera sé lo que estoy haciendo.

Con eso, hizo otro giro en U, cruzándose delante de un camión que estaba esperando para doblar. Por pocos centímetros no se estrelló contra el camión, y se colocó en el carril del extremo derecho, bloqueando el paso de otro automóvil. El conductor hizo sonar la bocina, frenó y después se adelantó. Todd gritó obscenidades y empezó a perseguirlo.

Betty temió seriamente por su vida. Todd gritaba, hacía sonar la bocina y trataba de sacar del camino al otro conductor. Betty creyó que cualquier cosa que ella pudiera decir, sólo empeoraría la situación. Cerró los ojos y empezó a rezar. Dios debió de estar escuchando, porque por fin llegaron a la casa de ella. Pero Betty estaba tan asustada que olvidó completamente la pizza. Se cambió de ropa, esperando que Todd se marchara. Pero lo encontró sentado en el sofá. Ella se sentó, sin saber qué decir. Todd se acercó a ella y dijo:

—Todd-y está muy triste-te por haberse enfadado-do.

Esta vez, Betty no rió.

Cuando Betty me preguntó qué hubiera debido hacer en el momento que Todd trató de quitar de en medio al otro conductor, yo no supe qué decir.

—Era demasiado tarde para hacer nada. Estabas atrapada. Hiciste lo que tenías que hacer, mejorando tus probabilidades de supervivencia. Tu verdadero problema es aprender de la situación, a fin de no repetirla.

Hubo muchos indicios de que Betty se encaminaba hacia una situación con muchas dificultades. La primera fue la actitud excesivamente tonta. Otras fueron la forma como él la culpó de sus problemas, su lenguaje grosero y desagradable, su narcisismo al esperar que la camarera supiera que esa mesa a él no le gustaba, la cantidad de veces que Betty se quedó callada por temor a irritarlo más, y la forma en que el mal carácter de él tomó el control de sus facultades mentales. Ciertamente, Betty se sintió necesitada, pero pagó un precio muy alto por su excesiva protección. Finalmente, buscó ayuda cuando comprendió que el precio muy bien podía ser su vida.

Betty era como muchas sobreprotectoras: llegaba a extremos para evitar quejarse o para no criticar a su compañero. El exceso de protección dicta que la mujer pacifique y sirva sin disensiones. Una mujer, cuya relación era mucho menos turbulenta que la de Betty, parecía contenta con su vida.

"Yo nunca pensaría en quejarme. El me da buena vida. Trabaja quince horas diarias y nunca deja de traerme el cheque de su salario. Mientras yo le dé dinero para sus gastos, él no se molestará si yo le compro a los chicos alguna cosita extra."

Esta mujer tiene derecho a vivir su vida como le parezca bien. Si prefiere ser la mamá/protectora de su compañero, ni a mí ni a ningún otro "psicoanalista" nos corresponde decir que ella tiene problemas y necesita ayuda. No me gusta diagnosticar problemas cuando una persona no cree que los haya. Pero si hay alguna base para objetar esta clase de servidumbre, es el ejemplo que la misma les está dando a los hijos. La mayoría de las Wendy y los Peter Pan de hoy crecieron en casas como esa.

La excesiva protección es, en el análisis final, amor mal orientado. Pese a todas sus buenas intenciones, si una mujer protege mucho a su compañero, ¿no está también protegiéndose a sí misma? Cuando protege a su pareja de la realidad, ¿no está tratando de convencerse de su fortaleza, su dedicación? En efecto, ella está diciendo: "Mirad, yo soy adorable. Mirad lo valiente que soy."

Pero sólo está convenciéndose a sí misma. Está librando una batalla contra los sentimientos de rechazo e inferioridad, estados emocionales sin mas realidad que la que ella les da creyendo que existen, a pesar de lo poderosos que son. Ella necesitará su valentía y su heroísmo mientras continúe protegiendo excesivamente a su marido, y hasta que afronte sus temores, producto de la mente de una niñita asustada.

9

Posesión

*"No me siento completa si mi marido no está
conmigo. Realmente, detesto estar sola."*

Las mujeres que son posesivas con sus compañeros
tienen una forma única de tratar de resolver los sentimientos de inferioridad y rechazo. Su conducta es maternal en cuanto a que hacen lo posible por mantener a su
muchachito junto a ellas, cuidando de no dejarlo que se
aleje demasiado. A menudo usarán la protección en extremo como una estrategia para retener al compañero cerca
de ellas. Después de todo, si él es débil e incapaz de cuidarse solo, ¿no es lógico que deba ser mantenido bajo
supervisión constante?

La Wendy posesiva teme estar sola. El silencio está
lleno de sonidos de autoestima negativa. Debido a esto, ella
raramente es capaz de estar sola sin sentirse solitaria o
abandonada. Hasta soportará las travesuras exasperantes
de un Peter Pan con tal de no afrontar la soledad. Estas son
algunas de las respuestas de Wendy relacionadas con la
posesión:

• Le exige a su compañero compromisos de tiempo con mucha anticipación al acontecimiento. "Tengo que saber si vamos a ir a la fiesta de Navidad. Me puede llevar meses encontrar un vestido adecuado."

• No encuentra divertida ninguna actividad si su pareja no le acompaña. "No pude disfrutar de la merienda ni de los juegos cuando supe que tú no vendrías."

• Se siente celosa cuando él se divierte con otras personas. "Vaya, parece que lo has pasado muy bien con tu primo. ¿Por qué no puedes entretenerme a mí como lo entretienes a él?"

• Exige que su compañero pase más tiempo con ella. "Es absolutamente necesario que destines más tiempo para que estemos juntos. No hay forma de que continúe nuestra relación si no lo haces."

• Pide continuamente que su compañero le asegure que le tiene cariño. "Llámame tonta, si quieres, pero de veras necesito que todos los días me digas lo mucho que me amas."

Puede argüirse correctamente que hay una línea muy fina entre estos ejemplos de respuestas de Wendy posesivas y las expectativas racionales que una mujer madura (una Campanita) podría tener sobre cuestiones idénticas. En la mayoría de los casos, la diferencia es una cuestión de énfasis y exceso. Consideremos cómo una Campanita podría expresar sus necesidades en esas áreas.

"Falta un mes y medio para la fiesta de Navidad. La semana que viene voy a comprarme un vestido nuevo, y necesitaré que me digas, con la mayor certeza posible, si iremos o no. Si no puedes ir, o si más tarde decides que no iremos, quiero que entiendas que yo de veras quiero ir y probablemente iré sola."

"Lo pasé muy bien en la fiesta. Pero hubiera sido todavía mejor si tú hubieses podido ir."

"Qué chiste te contó tu primo que te hizo reír tanto? Tendré que recordarlo o la próxima vez que me sienta deprimida."

"Quiero hablar contigo acerca de cómo podríamos pasar más tiempo juntos. Nuestra relación necesita un poco de aliciente."

"Ven aquí y dame un abrazo, diablillo."

La Wendy posesiva está tan envuelta en un silencio elusivo que no se relaja lo suficiente y no disfruta de los frutos de la espontaneidad y la sinceridad. Disimula su temor a estar sola aferrándose a su pareja. Si él huye de sus propios temores, accederá renuentemente a las exigencias de ella, representando el papel de compañero satisfecho, o se alejará para preferir a sus amigos, con quienes puede eludir con éxito su propia autoestima negativa.

Cuando está atrapada en la posesión, una Wendy exhibe su propia forma de narcisismo. Una definición concisa de narcisismo tiene varios elementos, que incluyen exagerada preocupación por sí misma; preocupación por poseer cosas (mío, mía, mis) y ve a las personas como otras "cosas" que hay que poseer, convirtiendo todas las situaciones sociales en reflejos de sí misma.

Una definición más detallada ha sido proporcionada por Otto Kernberg en una revisión del tema publicada en el *American Psychiatric Journal*. Los narcisistas —dice— viven rodeados por una burbuja de plástico transparente. Dentro construyen un mundo a su antojo, usando realidad y fantasía para satisfacer sus caprichos. Pensamiento racional mezclado con pensamiento mágico, de modo que la lógica resultante es difícil de comprender. Me he maravillado ante los procesos de pensamiento de algunos narcisistas, sorprendido de que puedan razonar como lo hacen y sin percibir las falsas conclusiones con que están salpicadas sus afirmaciones".

El narcisismo que he visto en la mujer envuelta en el dilema de Wendy se centra en el mantenimiento de la tranquilidad a través de la manipulación de su compañero. Las ropas provocativas y los amaneramientos seductores son sólo una parte de esa manipulación. Ella trata de poseerlo actuando con la suposición de que el ego masculino de él es tan monstruoso, que absorberá toda conducta que se adapte a su exagerada preocupación por sí mismo —a menudo, esto es más realidad que fantasía—. Ella es capaz de atraerlo hacia el interior de su burbuja de cristal, donde, sin ser consciente de ello, él es obligado a actuar según las reglas de ella.

Una mirada a un número actual de cualquier revista femenina da una idea de las herramientas de narcisismo ofrecidas a una mujer que busque una forma de evitar quedarse sola. Ella se siente indigna de amor, está hambrienta de afecto, cuando le llegan estos mágicos mensajes:

- Los músculos alargados son músculos atractivos.
- Cierto baño de aceite es una necesidad de la piel.
- Una línea de cosméticos hace que su personalidad natural brille a través de su piel.
- Cierto perfume atrae a los hombres.
- Los caballeros prefieren ciertas medias.
- Cierto champú resplandece con luz trémula.
- Hay un procedimiento que evitará que su piel envejezca.

Cada uno de estos mensajes contiene un elemento de pensamiento mágico, una clave para la preservación de la narcisista burbuja de cristas. Yo no tengo idea de lo que es una "necesidad de la piel", o de cómo un perfume "atrae" a los hombres, un champú resplandece con luz trémula o los cosméticos pueden igualarse con lo "natural". No puedo imaginarme un hombre que prefiera una marca de medias, y estoy segura de que algunos músculos sin estirar también son atractivos. Si bien estos mensajes contienen cierta lógica contaminada, la idea de que existe una menera de sumar años sin dejar que la piel envejezca, es una mentira flagrante.

La mujer posesiva intenta organizar su mundo en torno a esas promesas, creyendo que puede retener a su pareja si sigue las reglas. Si él es un Peter Pan, que vive dentro de una burbuja propia, la intersección sería cómica, si no fuera por la tragedia que acarrea.

El perfume de ella, a él lo atraerá. La colonia de él a ella la hará temblar delicadamente. Las sedas de ella reafirman su feminidad y la gamuza de él rezuma virilidad. El champú de ella brilla con trémulos fulgores mientras que la loción para después de afeitar de él resplandece. Los flexibles músculos de ella son tan provocativos como los voluminosos músculos de él. Esta ilógica interacción podría continuar eternamente. No debe sorprendernos que los hombres y las mujeres involucrados en esta especie de masturbación mental, nunca se tocan verdaderamente el uno al otro.

Una Wendy cree sinceramente que puede mantener a su compañero dentro de su burbuja de cristal personalizada, si es que logra perfeccionar sus capacidades de seducción. Mantiene el control más estrecho sobre el tiempo y los sentimientos de su compañero, pues cree que si puede tenerlo encerrado durante un período extenso de tiempo, él se transformará en el hombre que ella quiso siempre. Puede verse por qué yo pongo a Wendy en la Tierra de Nunca Jamás junto a su Peter Pan.

Otro importante atributo de la Wendy que se muestra posesiva con su compañero son los celos. Aunque en la superficie puede haberse engañado, en alguna parte muy profunda dentro de sí misma ella conoce la verdad: la posesión que ejerce sobre su pareja es, en el mejor de los casos, tenue. Se atormenta por constantes pensamientos de fracaso inminente. Dada su inseguridad, los celos son inevitables. Escuchemos a una mujer que busca desesperadamente la razón por la cual su pareja se ve con otra mujer.

"No entiendo qué encuentra en ella . Antes, ella estuvo casada y tiene dos hijos. Sé que a él no le gustan los niños. ¿Por qué me hace esto a mí? ¿Qué he hecho mal? Cuando le pregunto por qué hace esto, él sólo dice que no está seguro de sus sentimientos. Estoy convencida de que ya no me ama. ¿Qué otra cosa puedo pensar? El va a verla a ella, y después quiere verme a mí. No puedo soportar el ser la segunda mujer. Pero tampoco puedo soportar la idea de perderlo. ¿Qué debo hacer?"

Los celos perturbarán a esta mujer, dificultarán su sueño, su trabajo, sus juegos y todo lo demás que sea importante para ella. Y ella jamás encontrará una respuesta, porque está haciendo la pregunta equivocada. Está luchando contra sentimientos de rechazo e inferioridad, preguntando: "Qué pasa conmigo?". Si tuviera una imagen de sí misma más positiva, encontraría la pregunta adecuada: " ¿Qué pasa con nuestra vida amorosa?". Pero está convencida de que él elige a otra mujer por encima de ella y se resiste a la deducción ("Soy una mala persona") con toda su fuerza. Los celos son el resultado.

Una mujer casada también puede estar atormentada por los celos. Se pegará a su marido en una fiesta, quedará petrificada cuando él le lance una mirada a otra mujer. Creará una pesadilla de posibilidades si él llega a casa una hora tarde. Se pone nerviosa si él se aleja de ella y ella no sabe dónde está o qué está haciendo él. Su sentimiento de posesión impedirá toda discusión racional dirigida a resolver sus preocupaciones.

Mientras acumula sus recursos para luchar contra los celos su desarrollo personal sufrirá. Considera cualquier meta personal como una extensión de la vida de su compañero. Una mujer describía las limitaciones impuestas por sus propios temores de la forma siguiente:

"Mi marido dice que yo no debería molestarme en trabajar porque el dinero que gano no ayuda mucho. Dice que él es quien debería trabajar para pagar nuestras cuentas. Dice que es inútil que yo termine estudios superiores, porque nunca ganaré dinero suficiente para justificar el tiempo y los gastos. Creo que tengo ganas de trabajar por un tiempo, pero él dice que debería tener un bebé."

El dice. El dice. La mujer veía su vida como un apéndice de la de su compañero. Era posesiva y celosa, temerosa de que cada vez que él salía por la puerta, no regresara. Extinguía toda chispa de individualidad en sí misma, prefiriendo subyugar sus deseos a los puntos de vista de él, no importa lo miopes o machistas que los mismos hubieran podido ser. Uno termina preguntándose quién poseía a quien.

He aquí otras características que emergen del sentimiento de posesión de una mujer.

JACTANCIA

Cualquier mujer está orgullosa del hombre que ama, tal como un hombre está orgulloso de su mujer. Pero la posesiva Wendy tiende a jactarse de su pareja y lo exhibe como un toro de raza en una feria rural. Raramente va a reuniones sociales sin él, pero cuando va, hace repetidas referencias al trabajo, los gustos y disgustos y los caprichos y estados de ánimo de él. Difícilmente puede tener una opinión sobre cualquier cosa sin hacer intervenir de alguna manera los pensamientos u opiniones de él.

"Harry diría que esta comida es mala", puede ser su manera de criticar un restaurante. Cuando le preguntan qué hará el domingo por la noche, ella responde: "Sabes cómo es Harry; sólo lo mejor. De modo que supongo que iremos a cenar al club privado." Cuando una amiga elogia su automóvil, ella dice: "Harry se moriría si su esposa no anduviese en un Mercedes."

SEXUALIDAD REPRIMIDA

Una Wendy tiene dificultad para aceptar su sexualidad. Su deseo de gozar del sexo a menudo es saboteado por su sentimiento de inferioridad.

En algunos casos, el sentimiento de posesión se convierte en un medio de expresar la sexualidad reprimida. Un ejemplo podría ser la mujer que considera la posibilidad de tener un romance extraconyugal, pero se siente consumida por la culpa y trata de reafirmar su matrimonio por medio de la posesión.

Los celos y la posesión son cosas de esperar siempre que una mujer alberga sentimientos de rechazo o inferioridad. Si ustd se encuentra atrapada por respuestas posesivas, pregúntese a qué le teme. Eso puede ser difícil de identificar, pero es un punto estupendo por el cual comenzar.

10

Quejas

*"Yo le digo lo que anda mal en nuestro matri-
monio. Hablo hasta quedar afónica, pero él no
me presta ninguna atención."*

Todos nos quejamos del hombre o de la mujer de
nuestra vida. Ventilar agravios es parte del diario vivir.
Hasta es parte de una relación con éxito. Es bueno quejarse, siempre que la queja abra la puerta a una catarsis significativa y/o a la resolución del problema. Sin embargo,
este no es el tipo de queja que ahora tenemos en consideración.

He aquí unos ejemplos de la conducta verbal que es
el foco de este capítulo:

- Una mujer se queja de su compañero porque no
  comparte sus sentimientos con ella.
- Ella se queja de que él no la ama.
- Lo critica por beber demasiado —u otros defec-
  tos—.
- Se queja de que él la ignora.

- Lo regaña por su falta de participación en la relación que mantienen.
- Se queja de que él nunca la ayuda en las tareas domésticas.

La naturaleza de la relación de una Wendy con su compañero es tal que, cuando ella se queja, todos sus lamentos caen en oídos sordos. Frustrada, vuelve a expresar sus quejas, creyendo que la continua repetición incrementará de alguna manera las posibilidades de una comunicación significativa. En cambio, sus lamentos llevan a discusiones estériles o a hoscos silencios, durante los cuales los malos sentimientos se multiplican geométricamente. La clave para entender cómo el quejarse se convierte en una respuesta de Wendy es percatarse de que, en la trampa de Wendy, las quejas nunca resultan como se plantea.

Las quejas de una mujer pueden causar sentimientos de culpa en su compañero. Estos sentimientos pueden hacer que él modifique su conducta, pero cuando lo hace, acumula sentimientos negativos hacia ella. Y la próxima vez, probablemente él se olvide de todo nuevamente.

La culpa es una mala motivadora. Es refuerzo negativo; es decir, una persona actúa a fin de evitar algo negativo. En este caso, lo negativo es un sentimiento de culpa. La investigación nos dice que, en condiciones de refuerzo negativo, el sujeto se resiente al ser forzado a adoptar una determinada conducta. En pocas palabras, si una mujer somete a su compañero al refuerzo negativo, él puede hacer lo que ella desea, pero se enfadará con ella por haberlo obligado a hacer eso.

Para otras mujeres —por ejemplo, Betty en el capítulo 9—, quejarse puede ser un artificio incendiario. Si no se expresa cuidadosamente en el momento adecuado, sus quejas pueden desencadenar una explosión de palabras groseras, gestos amenazantes y, en el peor de los casos, malos tratos físicos.

Siempre me resulta difícil entender por qué una mujer cuyo compañero tiene una historia de reacciones violentas a las quejas de ella, sigue quejándose —o sigue junto a él—. Si yo creyera en una cosa semejante, pensaría que ella cobija un deseo de muerte. Me inclino a pensar que esas quejas tienen una de dos intenciones. Le dan a la mujer la oportunidad de ser una mártir y de encontrar una imagen importante de sí misma en el dolor que soporta; o ella experimenta algún grotesco sentido de justificación en que, al hacer que su pareja se descontrole, ella, de alguna manera, iguala la puntuación de él. —Ver capítulos 13 y 14—.

Para la mayoría de las mujeres encerradas en la trampa de Wendy, las quejas se convierten en un paso lógico en sus intentos por resolver los problemas de la relación. La historia siguiente proporciona un ejemplo excelente.

Connie se casó con Lance poco después que ambos se graduaran en Administración. Fueron a trabajar para empresas diferentes en la misma gran ciudad. Disfrutaban de la mayor parte de los espectáculos culturales y deportivos que ofrecía la ciudad, y con sus salarios sumados, pudieron comprar un apartamento en la mejor zona.

Tanto Connie como Lance venían de familias tradicionales y a menudo discutían los pros y los contras de los papeles viejos *versus* los nuevos para hombres y mujeres. Estaban dispuestos a aprender nuevas formas de relacionarse mutuamente. Confiaban en que el sentido de la aventura y el mutuo apoyo bastarían para superar cualquier obstáculo de su matrimonio. Parecía que ningún problema era lo suficientemente complicado para que ellos no lo pudieran resolver. Después de todo, ambos eran inteligentes, poseían aptitudes verbales excelentes y se amaban mucho. Es difícil puntualizar dónde empezaron los problemas. Tuvo algo que ver con que el padre de Lance muriera antes de que su hijo hubiese tenido oportunidad de reparar una cerca. Igualmente, tuvo que ver con que Connie perdiera a sus dos padres en un período de tiempo relativamente corto. Ella siempre había sentido que para ellos había sido una decepción, especialmente para su padre. Aunque la razón no estaba clara, siempre tuvo la idea de que su padre hubiera preferido que ella fuera varón. Nunca había tenido el coraje de interrogarlo sobre esto, y ahora la muerte de él eliminaba la posibilidad de descubrir la verdad.

Como es comprensible, tanto Connie como Lance estuvieron deprimidos durante los dieciséis meses en que la muerte de seres queridos invadió el hogar que compartían. Desafortunadamente, no se concedieron a sí mismos el derecho a estar deprimidos, o tener problemas que comunicarse durante esos momentos de estrés emocional. Fingieron que no tenían problemas para ordenar las cosas que los atormentaban.

No se perdonaron a ellos mismos o mutuamente el lapsus temporal de comunicación efectiva. Sentían que debían ser capaces de resolver todas las disputas si hablaban lo suficiente. Dada la creencia de que " lo estudiaremos la próxima vez", no sabían cómo dejar que ciertos problemas fueran llevados por los vientos de la comprensión y la confianza contenida.

Lance empezó a retraerse. No trataba de comunicar sus sentimientos y parecía ignorar a Connie. Encontraba excusas para salir por las noches. Cuando estaba en casa, actuaba como si viviera en otro mundo. Connie iba hasta el extremo opuesto. Ella hablaba más. Gradualmente, sus palabras se volvieron repetitivas y caústicas. Sin quererlo, empezó a quejarse.

Al principio fueron cosas pequeñas como: " Nunca me ayudas a entrar la compra" y " ¿Por qué no puedes limpiar lo que ensucias?". A medida que incrementaba el número de sus quejas también aumentaba su intensidad. "Ya nunca me hablas" y "¿Por qué te gusta verme sufrir?" se volvieron frases comunes en la mesa de la cena. Lance respondía con silencio e indiferencia. Cuando no tenía más remedio que hablar, decía: " No lo sé" o "¿Qué quieres que diga?".

Tanto Connie como Lance estaban amasando malos sentimientos el uno hacia el otro. Lance interiorizaba sus sentimientos y Connie trataba de extraerlos. Ninguno quería afrontar el deterioro de una relación que una vez había sido feliz.

Connie decidió finalmente buscar ayuda cuando una de sus amigas le habló de sus continuas quejas.

—Nunca fuiste una quejica— le dijo la amiga durante un almuerzo—. Pero ahora parece que te estás convirtiendo en un perrito llorón.

La última gota fue cuando Connie se oyó a sí misma decir:

—Quejarme es la única forma que tengo de conseguir que Lance me prente atención. Si yo quiero algo, pues tengo que quejarme y quejarme hasta obtenerlo.

Connie y Lance tenían que afrontar el hecho de que ambos tenían necesidades de dependencia no resueltas desde la infancia. La muerte de los respectivos padres había reactivado viejas decepciones y creado nuevas. Lance había excluido todos los sonidos que venían del presente a fin de concentrarse en recuerdos del pasado. Connie huía de frustraciones del pasado abriéndose empeñosamente camino a través de emociones del presente. Había todas las razones para creer que, con alguna guía u orientación objetiva, ellos podrían reavivar el amor que estaba moribundo.

Poco antes de tocar fondo, Connie empezó a hacer algo que encarnaba la amargura de su respuesta de Wendy. Empezó a lanzar sus quejas de tal manera que pudiera hacer que Lance quedase mal ante los ojos de los amigos. Por ejemplo, hacía un comentario sarcástico acerca del retraimiento de él ("Lance no puede hacer nada ante las quejas de una mujer verdadera") y usaba pequeños errores sociales del presente para criticarlo sobre el pasado. Cuando él dejaba caer una patata frita y la recogía, ella decía: "Judy, ¿quieres llevarte a Lance una semana? Quizá tú puedas enseñarle a limpiar lo que ensucia."

Cuando una Wendy calcula el momento de expresar sus quejas a fin de avergonzar o denigrar a su compañero se ha deslizado hasta la respuesta de castigo. Su deseo de mejorar las cosas se combina con un resentimiento porque las cosas no cambian y le da a su ego una puñalada verbal. Está usando el deseo de una imagen social positiva que tiene el hombre como arma contra él. Si está particularmente alterada puede guardar su dardo hasta que el mejor amigo, o hasta el jefe, esté presente.

Cuando usa las quejas en situaciones sociales la Wendy puede cosechar algunos sentimientos de martirio. "Mirad lo que tengo que sufrir. Nadie sufre tanto dolor como yo." También es posible que la mujer tema quejarse a su compañero cuando están solos. Y por eso reserva las quejas para las situaciones sociales, cosechando sus recompensas en condiciones de seguridad. Las quejas en ocasiones sociales son nada más que intentos de la mujer de hacer que su muchachito se enmiende. No ha tenido éxito con otras formas de actitud social, de modo que ensaya ahora ponerlo en situaciones embarazosas. Hasta cuando hace una broma al respecto, la queja, habitualmente, duele lo mismo.

He aquí un ejemplo. Ozzie se quejaba porque no recibía ninguna carta durante una partida de bridge. Su esposa lo oyó y le gritó a su amiga a través de la habitación:"Ozzie es un niño grande. Siempre está quejándose de algo. Dile que se calle. Da resultado con mi hijo de cuatro años; debe de dar resultado con los maridos."

A un hombre con veintiséis años de casado le pregunté si su esposa se quejaba de él en reuniones sociales. Su respuesta fue tristemente reveladora. "Imagino que sí. Por lo menos, solía hacerlo. Pero a decir verdad, yo ya no la escucho, de modo que en realidad no lo sé."

La sesión de quejas más concentrada ocurre cuando varias mujeres tipo Wendy se reúnen. Si son viejas amigas, las quejas pueden llegar a correr mas rápidamente que el vino. Aumenta la presión y las mujeres se meten en un círculo vicioso de quejas imposible de detener. Hay un frenesí de quejas y contraquejas, la competencia rivaliza con la de los maridos, quienes están al otro lado de la ciudad, tratando de enviar una pelota de tenis hacia el próximo siglo. La excitación del momento produce exageraciones, verdades a medias y una competencia feroz. ("¿Tu marido volvió a las tres de la mañana? Eso no es nada. El mío no vino en toda la noche y después salió con una historia ¡de que tuvo que cuidar a su mejor amigo!").

Es posible que una no Wendy se vea atrapada en este frenesí. Como los hombres y las mujeres nunca se satisfacen mutuamente del todo, es fácil encontrar algo de qué quejarse. Es fácil decir: "Mi compañero puede ser así de idiota." Pero aquellas que puedan haberse deslizado hasta esa respuesta de queja no intencional, oirán dentro de sí mismas una voz muy clara que dirá: "Sí, y él es mi idiota y yo lo amo con locura." La respuesta de la Wendy que se queja no incluye ese mensaje de amor.

Las quejas también pueden tener autarquía en otro sentido. Consideremos como Connie se abrió camino hasta caer en la respuesta de Wendy. Ella pensaba que dos personas inteligentes, bien educadas, podían resolver todos sus problemas por medio de la verbalización. Cuando Lance empezó a erigir su muralla de piedra Connie quedó desorientada. "¿Dónde estoy, y qué está sucediendo?". La verbalización de sus quejas pudo ser más importante que las mismas quejas. Ella necesitaba oírse a sí misma hablando, por lo menos para reafirmar que ella era la que ella creía que era. Connie admitió que se quejaba en voz alta cuando Lance estaba ausente. Dijo: " Caminaba por la casa rezongando y quejándome de todas las cosas que se me ocurrían. Si no hubiese sabido otra cosa, creo que habrían pensado que estaba loca. En realidad, creo que sólo quería oír la voz de alguien."

Connie tenía razón. Ella quería oír a alguien hablando, alguien con quien se sintiera cómoda y en quien confiar ella misma.

El narcisismo tiene una forma especial de introducirse subrepticiamente en las quejas de Wendy. La analogía de la burbuja de cristal del capítulo precedente sugería que, una vez encerrada dentro de su pequeño mundo, la narcisista cree en todo lo que piensa. Cuando las quejas alcanzan cierto nivel, la Wendy empieza a creer en todas las quejas que se le ocurren simplemente porque se le han ocurrido. Este perder contacto con la realidad es raro, pero puede ocurrir, especialmente en mujeres que soportan cantidades masivas de sentimientos de inferioridad y rechazo.

Como se verá en la parte cuarta del libro, hay un aspecto positivo en las quejas de Wendy. Sean resultados de rencor, narcisismo, martirio o castigo, hay un mensaje en toda queja. Yo prefiero verlo como la voz de una niñita asustada que trata de decir algo. Ella lo dice en clave, pero, no obstante, ahí está. La tarea es descifrar el mensaje secreto de esa pequeña asustada.

11

Wendy juzgadora

"Mi marido no recuerda bien las cosas. Es un buen hombre, y su corazón está en el lugar donde tiene que estar, pero hay veces en que yo tengo que hacerme cargo de todo."

La Wendy juzgadora y su compañero tienen una relación única. La mujer es dominante —aunque no necesariamente autoritaria— y el hombre es pasivo —aunque no necesariamente un débil fácil de manejar—. A menudo intercambian palabras tensas sin estar enfadados. Podría decirse que se han puesto de acuerdo para estar en desacuerdo.

La mujer juzgadora exhibirá estas respuestas de Wendy:

• Le dirá a su compañero como se siente él, remontándose en la historia de esos sentimientos hasta antes de que él pueda recordar.

• Intentará explicarle el dignificado de la conducta de él, habitualmente haciendo una referencia negativa a algún adulto importante en la vida de él.

• Le dirá lo que él está pensando realmente cuando él exprese un pensamiento.

• En vez de pedirle, le dirá que haga cosas.

• Cuando le da instrucciones a él, a menudo incluye instrucciones simplistas; por ejemplo: "Ve a la tercera casa de la izquierda, una, dos, tres, y asegúrate de que el número sea setecientos treinta y nueve, siete, tres, nueve, a la izquierda."

La Wendy juzgadora puede tener un notable éxito en su matrimonio. Sus juicios sobre lo que es correcto son frecuentemente astutos. Su memoria para los detalles es pasmosa. Puede hacer tres cosas a la vez, todas bastante bien.

Pero esta no es una supermujer, a pesar de que tenga tendencia a proteger en exceso. Es, sí, extremadamente competente. No se la sorprenderá limpiando la casa a las dos de la mañana. Habrá terminado para el mediodía, y si vuelve a ensuciarse, dejará la limpieza para mañana. Pero tampoco ella es una Campanita. Ella juzga, dirige y lleva a cabo todo dentro de los confines de sentimientos de rechazo e inferioridad. Está muy preocupada por su imagen social y demasiado a menudo es motivada por vagos sentimientos de culpa. No está segura de qué es culpable, pero sabe que tiene que ser de algo.

Esta mujer se unirá a cierta clase de hombre. El, por regla general, es considerado un buen muchacho, algo tímido y retraído. Pero tiene una forma de trazar la línea en defensa propia si la mujer se vuelve demasiado agresiva. Se afirma a sí mismo en un estilo reflexivo de resistencia pasiva. Cuando ella se pone pesada, él le dirá: "Sí, querida", y continuará haciendo lo que estaba haciendo o simplemente se retirará a su pasatiempo favorito. Si la mujer insiste, él podrá tener un fugaz, suave estallido de mal carácter, durante el cual podrá decir: "Cálmate, por favor."

Ninguna de las partes de la relación presiona demasiado sobre la otra. Si tienen una relación con éxitos, es porque cada uno ha aprendido cuándo y cómo retroceder. La juzgadora astuta lee el nivel de desazón en su compañero y retrocede antes de alentarlo a lanzarse a maniobras encubiertas de venganza. Como se ha señalado más arriba, estas maniobras son de naturaleza pasiva. Por ejemplo, un hombre que siente que su mujer estuvo abiertamente autoritaria por la mañana, puede olvidarse de traer a casa la compra que ella le dijo que recogiera; o puede llamar diez minutos después de que hayan llegado los invitados para decir que lamenta tener que volver tarde a casa por motivos de trabajo. Esa es la forma pasiva de ser agresivo.

Permítanme compartir los puntos más importantes de una reciente sesión de consulta que tuve con una juzgadora y su compañero, ambos bien adaptados. Ellos buscaron mi consejo acerca del hijo de veinte años, Tom, que parecía estar encaminándose hacia el síndrome de Peter Pan. Uso la expresión "bien adaptados" porque esta pareja llevaba unida veinticuatro años y había aprendido a manejar las peculiaridades del otro. Además de ser sensibles a las mutuas debilidades, había una sensación de respeto en el aire cuando hablaban. Ninguno tenía problemas psicológicos serios. Si no hubieran tenido hijos, probablemente hubiesen tenido una vida bastante feliz.

Dee empezó a recitar la historia de su hijo antes de tomar asiento. Yo no pude tomar notas por la velocidad con que ella hablaba. Leyó de un cuaderno que había estado escribiendo, y varias veces se interrumpió, en los minutos iniciales, para referirse a determinada página de mi libro *El Síndrome de Peter Pan*. Como me sentía confiado de conocer la clase de problema que ella me estaba describiendo, concentré mi atención en la interacción entre Dee y su esposo Dick.

Dick no dijo una palabra durante varios minutos. Sin embargo, yo noté que de vez en cuando sacudía la cabeza en desacuerdo. Dee debió de verlo, pero no le prestó ninguna atención. Siguió relatando el problemático pasado de su hijo como si lo tuviera grabado en una cinta de vídeo. Sólo una vez Dick manifestó verbalmente su desacuerdo con Dee. Cuando ella dijo que Tom nunca había sido arrestado, Dick la interrumpió:

—Fue arrestado dos veces, pero ella no lo sabe.

La vacilación de Dee duró uno o dos segundos. Después continuó su relato de la historia de Tom, mientras yo escuchaba asombrado. Esta mujer descubre que su hijo ha sido arrestado dos veces, ¡y está tan concentrada en su relato que ni siquiera parpadea! Tuve la seguridad de que Dee tendría muchas cosas que decirle a Dick cuando estuvieran en el automóvil camino a su casa. (Yo había notado que cuando Dick hizo su sorprendente revelación, emitió una mueca contrita. Pareció una expresión de temor más que de regocijo.)

Por fin pregunté sobre cuestiones de dinero. Ella frunció los labios y dirigió los ojos al cielo. Después, miró a Dick y dijo:

—Este hombre le da dinero todas las veces que el chico lo pide. Nunca pasa nada de tiempo con su hijo, lo cual, de acuerdo con su libro, es la causa del síndrome de Peter Pan. Pero le da dinero.

Dick se mantuvo con una expresión pétrea mientras expliqué que el síndrome de Peter Pan es una pauta de conducta complicada, cuyas causas son múltiples e interactivas. Era evidente que Dee no me escuchaba. Interrumpió mis explicaciones teóricas con un análisis propio. Dick, a su vez, la interrumpió a ella:

—El doctor trata de decirte algo. ¿Por qué no escuchas?

Ella lo interrumpió secamente:

—He oído lo que ha dicho. —Fue cortante, pero no sarcástica. —Como estaba diciendo, Dick, en realidad, no tuvo nunca un padre, de modo que no es sorprendente que él no sepa qué hacer con su hijo. Su madre era el demonio encantado —Dick se removió en su asiento pero no dijo nada— y entiendo por qué él se escapaba con las malas amistades que tenía; seguramente, no tenía ningún respeto de sí mismo. Igual que Tommy.

—Te he dicho que a él no le gusta que lo llamen Tommy. —Dick había encontrado un punto de desacuerdo y lo usaba al máximo. Dirigiéndose a mí, dijo:

—Ella es una mujer maravillosa, doctor, pero no sabe todo lo que cree saber. Tom me ha dicho un centenar de veces que odia que lo llamen "Tommy."

—A mí nunca me ha dicho eso —dijo Dee.

Mirando a Dee por el rabillo del ojo, y en tono condescendiente, Dick dijo:

—Hay muchas cosas acerca de Tom que tú no sabes, querida. El a ti no te cuenta todo, sabes. —Dirigiendo su atención hacia mí, Dick me dedicó una elaborada expresión de "Es espantoso lo que tenemos que soportar los hombres" y dijo :

—Mamá cree que su hijo le va a contar todo. —El machismo de Dick empezaba a mostrarse, pero no se dejó intimidar ni un segundo.

La mujer hizo una recapitulación de su análisis de cómo la infancia de Dick había perjudicado a su hijo. Explicó cómo ella había soportado calladamente el trauma, haciendo lo posible según sus conocimientos, dadas las severas limitaciones que le había impuesto el destino. Dee, supuestamente, estaba revelando tumultuosos años de dolor y conmoción, pero lo que yo observé fue nada más que una exhibición de histrionismo.

Cuando comenté las aptitudes dramáticas de ella, Dick apenas pudo contenerse para no aplaudirme. Dee explicó que ella era nada más que una persona sincera y abierta. Cuando dije que otros podían sentirse intimidados por su forma de ser, Dick se sorprendió y asintió con movimientos de cabeza. Sin embargo, cuando sugerí que Dick podía ser uno de los intimidados, Dee disintió rápidamente, y Dick replicó, jactancioso:

—Yo sigo pagando las cuentas.

Como todavía era demasiado temprano en la relación clínica, pensé que sería mejor reservarme mi primer pensamiento: "¿Qué demonios tiene que ver con lo que he dicho el hecho de pagar las cuentas?".

Era obvio que Dick y Dee habían desarrollado un sistema de interacción. Cada uno sabía cuándo golpear y contragolpear, y cuándo contenerse. Sus batallas emocionales eran serias, pero no querían lastimarse el uno al otro. Me recordaron a dos amigos míos del colegio que discutían como el perro y el gato, pero se detenían antes de herirse mutuamente los sentimientos, pues la relación que tenían estaba construida sobre una sólida base de recíproca inmadurez.

Dee, como todas las Wendy juzgadoras, se lanzaba a leer pensamientos y adivinar motivaciones del otro. Dudo que Dick fuera capaz alguna vez de revelar información emocional sobre sí mismo. El estaba desesperado por compartir su vida emocional, y frustrado por no poder hacerlo. Dee, simplemente había asumido la tarea de construir lo que ella pensaba debían ser las lucubraciones íntimas de la mente de su compañero.

Temeroso de confrontarse a sí mismo, y carente de habilidades de autorrevelación, Dick encontró más conveniente seguir el juego de la lectura de pensamientos de Dee. Ella se entregaba a la sobreprotección, pero sólo hasta cierto punto. Todavía quería que su marido fuese fuerte, aunque esa fuerza tuviese que venir de ella. De modo que ella le decía cómo se sentía él, por qué se sentía así y qué debía hacer al respecto. No deseando ser completamente dominado, él encontraba maneras de afirmarse a sí mismo, aunque esas formas habitualmente eran de naturaleza reactiva.

Estoy seguro de que en algún momento Dee diría: "Sé que estás fastidiado con tu madre porque es tan mala." A lo que Dick respondería triunfalmente: "En eso estás equivocada, cariño. Inténtalo otra vez."

Dee no hubiera podido resistirse al señuelo. "Si no estás enojado con ella, deberías estarlo. Después de la forma como te alimentó, con una dieta constante de mala voluntad, tienes que estar furioso. Debes tenerlo en tu subconsciente." Dick intentaría conservar algo de integridad, diciendo: "Ya estás otra vez con esa charla tonta. Otra vez has estado mirando a Phil Donahue, ¿no es cierto?".

La mujer que usa la respuesta juzgadora sabe cómo modificar su papel. La función de figura maternal dominante se impone a sus acciones, pero ella sabe cuándo asumir el papel de niñita sumisa. Representa ambos papeles cuidadosamente, sin saber nunca en realidad quién es y demasiado atemorizada para averiguarlo. Si usted piensa que ella es magistralmente engañosa, reconsidérelo. Ella sólo ha encontrado una forma excelente de manejarse con su temor y su inseguridad.

Tanto ella como su pareja lo tienen. Es por eso por lo que no es fácil decir si necesitan un consejero matrimonial. Podrían muy bien beneficiarse con eso, pero el proceso llevaría tiempo y alteraría el equilibrio de poder que tienen, por muy precario que sea. Y muchos factores penden en cuidadoso equilibrio. Por ejemplo:

RESPONSABILIDAD

La mujer juzgadora soporta una carga de responsabilidad muy pesada. Ella soporta sus propios problemas, más los de su marido y de sus hijos. Es cierto que esta responsabilidad exagerada es autoimpuesta, pero se vuelve tan habitual que parece natural. Responder a la pregunta: "¿De quién es este problema?", resulta tan confuso y engorroso que parece más fácil que ella asuma la responsabilidad y haga todo lo posible por resolverlo.

SEGURIDAD

Aunque ella da la apariencia de vaientía, la Wendy juzgadora teme por su seguridad emocional. La lectura de pensamientos promueve esa seguridad. Ella lee sólo lo que puede tratar, y el ego de su compañero la detiene si va demasiado lejos. Aunque es difícil de advertir, existe en la relación entre una juzgadora y su pareja un sistema de protección mutua. El bienestar emocional de cada uno depende de la capacidad del otro para detenerse antes de causar daño descuidadamente.

CULPA

Ambos miembros de este equipo están atormentados por sentimientos de rechazo y de culpa. Al tratar de demostrar que no es mala, la mujer emplea su maniobra de lectura de pensamiento para señalar las faltas de su marido. El temor que él tiene al rechazo ha anestesiado su autoafirmación emocional, de modo que permite que ella enuncie la inferioridad de él. Tan acostumbrado está a los sentimientos de culpa que no oye la mitad de lo que dice su mujer. Ella se defiende de su propia culpa culpando a su compañero, y él se defiende de la suya cerrando los oídos.

IRA

El precario equilibrio de poder, la futilidad de la lectura de pensamiento y la falta de auténtica calidez emocional contribuyen a la ira. El hombre expresa su ira a través de medios tanto pasivos como agresivos, ya que la cautelosa condena que hace la mujer de su compañero libera cierta hostilidad acumulada. Pero, como hemos visto antes, estas personas están en una trampa, en la cual el carácter circular de sus acciones les obliga a terminar donde empezaron. Expresan su ira de forma que genera más ira.

FALSA AUTOESTIMA

La mujer juzgadora y su compañero se sienten orgullosos de sí mismos. Pero la confianza es ligera y frágil. Está basada en la capacidad de ambos de representar el papel apropiado en el momento adecuado. Hasta la competencia de la mujer no es sentida sinceramente. Recuerdo un momento de mi sesión con Dick y Dee, cuando me dirigí a Dee y dije: "Usted sabe que presenta una buena fachada, pero en realidad, interiormente se siente mal, ¿no es cierto?". Ella asintió con la cabeza, con los ojos llenos de lágrimas.

La fortaleza de Dick estaba encarnada en su silencio. Mientras él no respondiese (u oyese) muchas de las provocaciones de Dee, sería capaz de mantener su fachada de autoestima.

Dick y Dee sabían que no había mucha autoestima en ellos, de modo que se cuidaban de no exigirle demasiado a la otra persona. La supervivencia emocional de ambos dependía de la protección mutua.

COMUNICACION EN CLAVE

Es sorprendente cómo la juzgadora y su pareja son capaces de comunicarse sus necesidades sin conversaciones directas. La capacidad de entender significados ocultos que tienen ambos es pasmosa. Sin embargo, cuando se desarrolla una brecha en la comunicación, lo normal es que sea gigantesca. Sin un sistema efectivo de realimentación negativa, dada la oportunidad de aclaración del mensaje pretendido, esta brecha puede seguir sin ser detectada durante años (v. gr., Dee no sabía que su hijo había sido arrestado dos veces).

CHOVINISMO

El comentario de Dick, "Todavía pago las cuentas" refleja su machismo. Pero el caso de la respuesta de la Wendy juzgadora introduce otra dimensión al tema del machismo; se trata del chovinismo femenino.

La mujer juzgadora —Dee es un buen ejemplo— es chovinista femenina. Hace saber que, como mujer, ella tiene las cualidades únicas y superiores de poder leer los pensamientos y adivinar las motivaciones. Trata de hacerle creer a uno que el ser mujer le da una capacidad especial para descifrar la verdad. Cuando la desafían —especialmente si la desafía un hombre— reacciona con una mirada que dice: "Caray, es pasmoso lo que las mujeres tenemos que soportar." Esto es la misma imagen como reflejada en un espejo del "Es espantoso lo que tenemos que soportar los hombres" que pasó por la cara de Dick.

El chovinismo, sin tener en cuenta la orientación sexual, bloquea la comunicación significativa, distanciando a dos personas. Sostiene una destructiva lucha de poder, que sólo cesará cuando ambas partes se pongan de acuerdo en que ningún sexo es innatamente superior al otro.

12

Martirio

"Alguien debería decirme qué está pasando. Sé que estoy haciendo algo mal para que él me trate de esta manera. Siento como si estuviera desangrándome hasta morir, y él nada haría por salvarme."

El distintivo de la respuesta de Wendy es el martirio. Simbólicamente, la mártir cree que si se viste de duelo sacrificando su felicidad por los demás, encontrará una especie de resurrección emocional. Cuando no la encuentra, vuelve a consagrarse a la causa del martirio, consolándose a sí misma con piedad.

Dos caras conforman el martirio de Wendy: autoacusación y autosacrificio.

AUTOACUSACION

La autoacusación es una conducta precursora del autosacrificio, que yo considero parte del martirio. Quien se echa culpas a sí misma está constantemente bajo una coacción autoimpuesta. Su voz de inferioridad la obliga a cuestionar cada uno de sus pensamientos y acciones, buscando culpas, no importa cuál fuere la situación. Ella dice: "Yo no soy una buena persona, de modo que algo debo de haber hecho mal. Sólo debo descubrir qué es."

La que se culpa a sí misma hará lo siguiente:

- Se culpará de ser demasiado sensible, pensando que si pudiera tener sus emociones bajo control, sería una persona mejor.
- Dirá: "¿Qué he hecho mal para que él me trate así?"
- Se preocupará de decir algo erróneo por temor a que alguien la interprete mal.
- Se disculpará por llorar.
- Cargará con toda la culpa de un error o un enredo, aunque otros hayan contribuido al problema.
- Se culpará a sí misma con el objeto de evitar una discusión con su compañero.

Las mujeres que se culpan a sí mismas mientras hacen de madre de sus parejas, lo hacen a fin de encontrar respuestas a problemas de relación. Imaginan que si averiguan qué están haciendo mal, podrán corregirlo y resolver así el dilema. Se echan la culpa a sí mismas para no tener que echársela a sus compañeros. A él lo protegen de la culpa, y ellas mismas se protegen del temor. Aunque temen el rechazo, también pueden temer el carácter de su compañero. Estas mujeres, suelen sentirse atraídas por hombres más agresivos.

Meghan estaba atrapada en la autoinculpación. Ella era una muchacha obediente, sumisa, bien entrenada para golpearse el pecho en actitud de súplica. Cuando empezaron a aparecer problemas en su matrimonio y su esposo negó toda responsabilidad. Meghan se apresuró a culparse a sí misma.

De acuerdo a la descripción de Meghan, Patrick, su marido, era exigente. Nunca la había amenazado, pero ella se sentía intimidada por él. El, supuestamente, encontraba defectos en todo lo que hacía su esposa. La cocina nunca estaba lo suficientemente limpia, los chicos nunca eran lo bastante disciplinados, y las fiestas (organizadas por Meghan) nunca tenían el éxito que debían tener. El nunca le echaba una mano en esas cosas; se limitaba a quejarse de ellas.

Fiel a su temprana educación, Meghan se culpaba a sí misma sin pensarlo dos veces. Se quejaba de su hipersensibilidad. Se condenaba a sí misma por ser exigente. Sentíase mal por estar celosa de las actividades de Patrick fuera del hogar. Se culpaba de sus pequeños conatos de ira por la falta de juegos sexuales previos de Patrick. Y siempre estaba disculpándose de su tendencia a quejarse.

Pregunté:

—Meghan, ¿se da usted cuenta de que constantemente está relajándose?

Sin un momento de vacilación, ella repuso:

—Lo siento.

Cuando Patrick acompañó a Meghan a mi despacho, yo pensaba que él era un hombre apacible, cauteloso, cuyas defensas lo hicieran pasar por un hombre insensible. En cambio, Patrick resultó ser un hombre franco y directo. Dijo que le alegraba haber sido invitado a la sesión y que le hubiese gustado venir antes. (Meghan se había resistido a pedírselo porque estaba convencida de que él se burlaría de ella por sugerir semejante cosa.)

Cuando surgió el tema de la supuesta insensibilidad de él, pareció sinceramente sorprendido. Yo le pedí que hablara de las preocupaciones de Meghan, que hiciera algún comentario acerca de sus críticas a la forma de limpiar de ella —"Creo que necesita organizar mejor su tiempo"—. Que no la ayudaba con los niños —"Ella dice que no quiere que yo ho haga. Creo que no sé cómo disciplinarlos"—. Que él criticaba las fiestas de ella —"Le digo que no trabaje tanto y que no se preocupe de las cosas que puedan salir mal"—. Que él era un amante desconsiderado —"Ella jamás me ha dicho una palabra, excepto que le gusta"—.

Cuando se le pidió su reacción, Meghan comenzó inmediatamente a disculparse por hacer una montaña de un grano de arena. "No debí decir nada. Es todo culpa mía."

Antes de que yo pudiera decir nada, Patrick intervino.

—Mira, ya empiezas tú otra vez, acusándote de todo. Yo traturé de cambiar, pero tú debes decirme lo que quieres.

Meghan se puso cáustica.

¡Me ayudarás mucho de ese modo!

Este fue el primer asomo de ira que mostraba Meghan. Trató de disculparse, pero yo la interrumpí.

—No huya de su ira; nada de malo hay en ella.

—No debería encolerizarme con Patrick. El no quiere decir las cosas que dice.

—Es indiferente cuál sea la motivación. Usted tiene derecho a su ira y debe asumirla. Puede enseñarle algo.

Con insistencia y aliento, Meghan pudo hablar de las cosas que no le gustaban de su matrimonio. Para ella fue una lucha compartirlas sin disculparse o justificar sus sentimientos. El menor asomo de ira parecía conmocionarla. Estaba atemorizada de eso.

Meghan contó que temía a su padre, no en un sentido físico sino emocional. "De niña, nunca sabía qué hacer con respecto a él. El no era una persona quisquillosa. Creo que nunca lo vi abrazar o besar a mamá. Cada vez que yo me sentaba en su regazo, él parecía fastidiado. Me preguntaba si tenía las manos sucias, o si tenía barro en mis ropas. No quería que yo jugara con él. Si me sentaba en su regazo, tenía que estarme muy quieta. Hasta hoy, cada vez que sé que él y mamá vendrán, me aseguro de lavarme las manos y ponerme un vestido limpio. Otra cosa de él es que no le gustan los pantalones vaqueros en las mujeres. Me hizo ponerme un vestido antes de poder sentarme en su regazo."

Meghan había aprendido a ser extremadamente recatada con los hombres. Desarrolló un caso severo de escrupulosidad en un intento de protegerse del rechazo. La autoacusación era la piedra clave de la rigurosa vigilancia que ejercía sobre sí misma.

Meghan era un caso típico. Sin embargo, no había alcanzado la segunda etapa del martirio, el autosacrificio. La vacuidad interior la alertó sobre un problema. Ella había empezado a experimentar una depresión flotante, que a menudo interpretaba como "esperada". Afortunadamente, no aceptó la vacuidad y la depresión como normales. Obviamente, la chispa de Campanita la llevó a afrontar su dolor antes que empeorase.

Estas mujeres que se culpan a sí mismas toleran problemas que deberían cambiar, y crean problemas donde no existen. Por ejemplo, Meghan debería haber discutido con Patrick sobre las críticas que él le hacía, sus actividades de tiempo libre y sus insensibles hábitos para hacer el amor. Ella no resolvía esos problemas y, mientras tanto, creaba problemas para sí misma diciéndole a Patrick que él no debía ayudarla con los chicos. Patrick, por supuesto, participaba en la situación asintiendo a los caprichos de Meghan sin desafiar el razonamiento de ella.

Estas mujeres tienen vacilaciones sexuales. Debido a que constantemente se están formulando reproches, les resulta difícil darle rienda suelta a sus cuerpos en la búsqueda del placer. Con mucha frecuencia, ven el sexo como algo que ellas dan a un hombre. Temerosas de la espontaneidad de la sexualidad, se esconden detrás del comportamiento que muy probablemente aprendieron de sus madres.

La respuesta de autoacusación de Wendy tiene éxito sólo si la apoya alguien importante en el ambiente que rodea a la mujer. Aunque ese alguien es habitualmente el compañero, podrían ser también su madre o su padre —si ella los ve con regularidad—, una amiga íntima o un hombre al que vea con frecuencia. Patrick apoyó la autoacusación de Meghan al no haberla confrontado a ella antes. El podría haber insistido en acompañarla a la terapia, o haberle pedido orientación para trabajar con los chicos, o haberle dicho amorosamente que ella se equivocaba al echarse la culpa de todo. En un aspecto, Patrick había sucumbido no sólo a sus propios temores e inseguridades, sino también al modelo proporcionado por su esposa. Ella se culpaba a sí misma, y quizás una parte de él, simplemente, le creía.

Hay otra característica de la autoacusadora que creo que no estaba presente en Meghan. Tiende a estar activa en autoacusadoras avanzadas, las que están a un corto paso del autosacrificio. Me refiero a la esperanza de que la autoinculpación llevará a que alguien diga algo agradable. "No deberías echarte la culpa de eso. Tú eres una persona maravillosa. Tú no has hecho nada malo."

Algunas personas pueden llamar a esto "psicología a la inversa", donde uno va a un extremo con la esperanza de obtener un efecto inverso. Las autoacusadoras asumen una cualidad manipuladora, en que expresan sentimientos de inferioridad con el fin de obtener un sentido de su propia valía. Meghan nada gana con su autoinculpación; por eso, probablemente, buscó ayuda.

AUTOSACRIFICIO

El autosacrificio es lo que hace funcionar al martirio. La autoacusación es nada más que un precalentamiento previo a la cosa en sí. No puedo tratar en toda su extensión el tema del martirio en un solo capítulo. Puesto que afecta a una gran cantidad de personas, cada uno debe formular su propia definición de lo que constituye una mártir. Nos mantendremos en la misma longitud de onda si usted simplemente añade mi definición a la suya.

La opinión popular sostiene que las mujeres son, con mucho mártires campeonas. Sólo porque yo me concentre en las mujeres en esta oportunidad, no debe pensarse que estoy de acuerdo con esa opinión. En mis veinte años de labor profesional, he visto más de dos o tres casos aislados de martirio masculino.

Uno podría sostener acertadamente que el autosacrificio es la respuesta de Wendy central, la indicación de una actitud maternal desproporcionada. La mujer que se autosacrifica está expresando sus no resueltas necesidades de dependencia infantiles, su temor al rechazo, su voz de inferioridad, su temor a la desaprobación y su necesidad de encontrar una sensación de control sobre el medio que la rodea. Es la búsqueda de control de la mujer Wendy, sin resolver su dilema, lo que insufla vida en la postura sacrificada de ella.

La mujer que se sacrifica puede exhibir las siguientes conductas:

- Admite que está equivocada aunque no lo esté.
- Se queja de todo el trabajo que tiene que hacer, pero no toma ninguna medida para remediar la situación.
- Cuando falla todo lo demás, se compadece de sí misma (lo que busca es compasión).
- Se pone en medio de discusiones o conflictos (v.gr., entre su compañero y la madre de él.)
- Hace el trabajo sucio de su compañero, v.gr.,devuelve objetos defectuosos.
- Se somete al sexo cuando no tiene ganas.
- Soporta a los amigos de su esposo, aunque él no le retribuya de la misma forma.

Joan era una glotona del castigo. Le confiaba sus problemas a la chismosa más grande de la vecindad, lucía sus fracasos en el pecho como una condecoración, y alentaba a su entrometida suegra a que le dijera cómo debía dirigir su vida. Su marido exhibía algunos de los síntomas del Síndrome de Peter Pan, pero cada vez que deseaba hablarle del autosacrificio de ella, Joan lo criticaba por no comprender su dolor.

Joan era ingenua. Había sido excesivamente protegida por una madre entrenada para el martirio por su propia madre. Joan veía cómo su madre ocupaba un segundo plano después de todos los hombres y de algunas mujeres. Joan se casó a los diecinueve años, creyendo que la sumisión y el sacrificio eran el papel correcto de la mujer. Se consideró afortunada al encontrar un hombre que la mantendría en la vida. Y tan ocupada estaba de ser una mártir, que no se daba cuenta de que Hank, su marido, estaba dispuesto a cambiar.

He elegido compartir con el lector la historia de Joan, porque ella estaba muy cerca de la mártir clásica. Mi mejor estrategia para ayudar a Joan a liberarse de la trampa de Wendy fue ayudarla primero a identificar las grandes pautas de conducta de sacrificio que eran evidentes en su vida. Ella lo hizo buscando situaciones en las cuales ella se entregaba a "los juegos que juegan las mártires". Aunque su conducta era representativa de serias estrategias interpersonales, el concepto de "juegos" añadió un toque de humor y deportiva diversión a su búsqueda de libertad. He aquí los "juegos" importantes que pudimos identificar.

"Oh, pobre de mí"

La compasión recibida de uno mismo y de amigos es el combustible que mantiene en movimiento al autosacrificio. La compasión es una especie de refuerzo y, como tal, tiene las mismas cualidades de conducta de apoyo que darle a un perro una golosina después que ha demostrado alguna habilidad especial. Cuando alguien le dice a usted: "Oh, pobrecita. Tienes tanto que soportar. Nadie soporta tantas cosas como tú", usted experimenta cierta sensación de satisfacción. Piensa de usted misma: "Claro que sí, yo sabía que no era una mala persona. Soy digna de compasión." La autocompasión es la forma más fácil de recibir compasión, porque puede dársela a usted misma en todo momento y en las dosis que desee.

Después de observar la autocompasión en personas jóvenes y viejas, maduras e inmaduras, estoy convencido de que en ella hay algo natural. Es casi como si, en alguna parte del pasado de nuestra evolución, se haya desarrollado dentro de nosotros una parte destinada a darnos consuelo cuando soportamos dolor e incomodidad abrumadores y exagerados. Este factor biocultural de autoconsuelo nos ayuda a sobrevivir los momentos difíciles. La criatura que se chupa el pulgar y se frota la cara con una manta suave parece demostrar esta factor. Lo mismo hace el adulto que acumula piedad para sí. (A la autocompasión, yo la llamo "chuparse el pulgar mental".)

La autocompasión puede volverse perniciosa como sucede con chuparse el pulgar. Un poco de autocompasión dada a uno mismo en una situación extremadamente difícil puede ser relajante. Pero cuando una persona usa la compasión para eludir el problema o para apaciguar al yo, cuando el yo debería intervenir en la solución de los problemas, entonces la autocompasión se ha convertido en un grave obstáculo. Proporciona una falsa sensación de seguridad al tipo que devora la confianza y la autoestima. Esto crea más estrés, lo que resulta en una necesidad de más compasión. Es un narcótico psicológico.

Joan había permitido que la autocompasión la anestesiara en áreas importantes de su vida. "Oh, pobre de mí" se convirtió en la muletilla cuando los hijos ignoraban sus órdenes, su marido se mostraba insensible y sus amigas la decepcionaban. Su destino parecía ser soportar el dolor. La autocompasión se hizo tan habitual que Joan llegó a tener dificultad para oírla. Pero reconocía el hecho de que, cuando otros la decepcionaban, ella no los confrontaba. Se marchaba, dándose a sí misma una variedad de excusas. "No fue su intención", "no es nada más que una criatura" y "lo siento sinceramente" eran las evasivas que usaba Joan para convencerse de que no había nada que hacer acerca de la situación. Sin embargo, cuando se alejaba la voz habitual de la autocompasión la consolaba. "Tú, pobrecita, nadie se interesa lo suficiente para ver que estás dolorida. ¿Por qué yo? No es justo."

El elemento más destructivo de la autocompasión es que en la frase de consuelo "Oh, pobre de mí", la persona se dice a sí misma: "No soy tan digna como los demás. Soy una pobre cosa." Pero cuando Joan oyó confrontar su atocompasión, ello la llevó más profundamente dentro de sí, y así descubrió la influencia destructora de la silenciosa voz de la inferioridad.

"Sí, pero..."

Cuando la voz de la razón se enfrenta con la auto-sacrificada habitual, generalmente se produce un empate. Cuando discutí por primera vez con Joan acerca de sus hijos, nuestra conversación fue más o menos así:

—¿Por qué no les dice a sus chicos que se muevan o se quedarán sin televisión el resto de la noche?

—Claro, ¿pero, si a ellos no les importa?

—Entonces, quíteles algo que sí les importe.

—Muy bien, ¿pero si eso no funciona?

—Entonces siga experimentando hasta que encuentre algo que dé resultado.

—Pero eso me ocupará todo mi tiempo. No me queda tiempo para ser una madre.

—Seguro que le quedará. En realidad, si usted encuentra la combinación adecuada de estrategias disciplinarias, tendrá más tiempo para ser una madre.

—Sí, pero también debo tener tiempo par mí misma.

Joan se aferraba a su identidad de forma desesperada. Temía que si perdía la autocompasión, perdería una gran parte de ella misma. El "sí, pero" era la principal estrategia de razonamiento de Joan. Es imposible discutir con éxito con el "sí, pero". Una persona se aferra al mismo como una defensa contra el temor de afrontar y modificar la verdad. Como le dije a Joan y como le diré a toda auto-sacrificada cuya trampa incluye la autocompasión: "Nunca se librará de la autocompasión hasta que asuma la verdad".

"Si no fuera por..."

La autosacrificada se echa la culpa de todo lo que pasa. Esta carga se vuelve muy pesada, de modo que pronto, no mucho después de comenzado el juego, culpa a otras personas siempre que sea posible. Cuando la actitud exopunitiva está firmemente establecida, ella siente compasión de sí misma por ser obligada a soportar a tantas personas que parecen disfrutar haciendo miserable la vida de ella.

"Si no fuera por esos chicos de la otra calle, mi hijo no sería tan insolente. Las maestras no exigen respeto; ¿cómo voy a exigirlo yo? Los hombres de la oficina siempre andan detrás de las mujeres, y eso irrita a mi marido. Si no fuera por un gobierno entrometido, la unidad sería más sólida."

Ese arrojar la culpa hacia afuera es el resultado de la creencia de que la mujer ejerce control en los elementos que han generado el problema con que ahora se enfrenta. Los sentimientos de rechazo e inferioridad y la autocompasión la han dejado sin fuerzas. El hacer de madre de su compañero, y el cuidar su imagen social le han enseñado que el control está fundamentado en la capacidad de hacer que otros se comporten de una manera determinada. Como esto no es posible, ella no tiene ningún control. Arrojar la culpa a otras cosas o a otras personas es un intento desesperado de tranquilizar la conmoción creada por sentimientos de impotencia.

"Cúreme, apuesto a que no puede"

Cuando una autosacrificada acude a un consejero, a menudo se entrega a un juego destinado a frustrar la ayuda. Ella quiere aferrarse a la protección contra riesgos y rechazos, pero desea librarse de la desesperación y la depresión. Se acerca a la ayuda profesional con una actitud que dice: "Ayúdeme, pero no quiero que duela." Si la consejera encara un aspecto sensible o un tema que atemoriza a la mujer, ella se entregará a cualquiera de las estrategias destinadas a decir: "Cúreme, apuesto a que no puede."

La lógica —si puede llamársela así— que sustenta el "cúreme, apuesto a que no puede", es más o menos esta: "La forma como yo vivo es muy dolorosa y me gustaría combiar. Pero el cambio también es doloroso y me da pánico. Iré a ver a una consejera, y si ella me dice algo que me atemorice, yo encontraré una razón por la cual no dará resultado. Si mi razonamiento es más fuerte que el consejo de ella, me quedaré exactamente donde estoy, segura al saber que una persona profesional no ha sido capaz de modificar mi conducta. Por lo tanto, mi comportamiento no es tan malo como yo pensé que era, y debería mejorar, puesto que es tan estable."

Joan pidió que le asignara algunas tareas para la casa que la ayudasen a manejarse con sus hijos. Sin embargo cada vez que yo le sugería que intentase cosas probadas en otros casos, ella volvía frustrada por el fracaso y, de alguna manera, perturbaba conmigo por no haberle dado yo algo que diese resultado. Aunque ninguna sugerencia para la educación de los hijos está cien por cien a prueba de fracasos, rápidamente se hizo evidente que Joan saboteaba todos los consejos que yo le daba. Era un sabotaje inconsciente, pero lo era.

Hay muchas variedades de "juegos que juegan las mártires". He mencionado cuatro de las estrategias más importantes empleadas cuando las mártires se aferran a sus actitudes como si en ello les fuera la vida. Pese a su número, todos los juegos contienen la misma mentira, o sea, "yo no soy lo suficientemente fuerte para solucionar mis problemas".

Una vez que Joan reconoció que su autosacrificio había invadido todos los aspectos significativos de su vida, encontró una forma humorística pero efectiva de recordarse a sí misma que tenía que cambiar. Encontró un viejo trozo de fieltro en el fondo de su cesto de costura, cortó una letra del mismo y la cosió a la delantera de una vieja camiseta, que colgó en su guardarropa de tal manera que pudiera verla todas las mañanas.

Trajo la camiseta a una de las sesiones. Cuando la mostró, en rojo sobre azul, vi la letra "F".

—Quiere decir felpudo —dijo Joan—, algo que nunca más volveré a ser.

13

Castigo

La castigadora está en guerra con su pareja. Sus estrategias bélicas están diseñadas para dar rienda suelta a su ira y "hacer" que él, en consecuencia, cambie. Pero como un niño rebelde, él se resiste a la coerción y se dedica con más empeño a tratar de librarse de su falsa madre. Como es cautiva de la trampa de Wendy, la castigadora no comprende por qué su compañero parece disfrutar en su rebelión, y la amargura y el rencor son sus constantes compañeros.

He aquí ejemplos de castigo como respuesta de Wendy:

- Una mujer le grita a su marido por la forma en que él la lastima.
- Gasta el dinero para las necesidades de la casa con el objeto de vengarse, y no porque sea necesario.
- En la cara de él, le compara negativamente con otro hombre.
- Le lanza miradas de desaprobación cuando él actúa tontamente.
- Le da codazos o patadas en secreto cuando él comete una indescreción social.

- Le hace reproches y le critica por no tener sentimientos.
- Hace comentarios aviesos, denigrantes acerca de él delante de otras personas.
- Se niega el sexo a fin de frustrarlo.
- Trae a colación alguna de las equivocaciones de él de un pasado remoto, a fin de apoyar sus argumentos en una discusión.

En círculos de educación de los hijos, el castigo es una mala palabra. Eso, porque es mal usado y se abusa de él. El castigo puede ser una experiencia educacional para los hijos, si se aplica según parámetros específicos. A mí me gusta decir que hay una "recompensa en el castigo"; es decir, si se aplica correctamente, no tiene que recurrirse a él demasiado a menudo.

No hay recompensa alguna en el castigo cuando lo aplica una Wendy que está tratando de cambiar a su compañero. No tiene sentido que una mujer que asume el papel maternal con su pareja, y le castiga después, espere que tal interacción se asemeje a la conducta de dos personas adultas que se aman. En realidad, es una imagen malamente distorsionada de una figura maternal que trata de castigar a un niño travieso. Hagamos algunas comparaciones específicas entre las estrategias estándar para la educación de los hijos y cómo Wendy las usa para castigar a su compañero.

Bofetadas verbales

El aspecto más efectivo de las bofetadas es su valor chocante. La súbita interrupción por un padre de una conducta precaria proporciona una experiencia de sobresalto que a menudo se extiende a acontecimientos similares en el futuro. Según mi léxico, gritar es dar palmadas verbales.

Las mujeres que les gritan a sus compañeros dejan en libertad frustraciones contenidas. Si sucede una vez cada dos meses, probablemente no sea nada más que una catarsis. Si sucede dos o tres veces por semana, uno empieza a hacerse a la idea de que la que grita está intentando resolver un problema... gritando. La castigadora que grita, muy probablemente vive con un hombre pasivo. Ella cree falsamente que gritando lo motivará a él para que se enmiende, para que modifique sus hábitos. En realidad, sólo consigue que él se sienta más incómodo, estimulando, por lo tanto, un aumento de la pasividad.

Una mujer hablaba de cómo el gritar creaba tanta frustración como la que liberaba. "Yo sé que gritar no sirve de nada. El se queda mirándome con expresión dolida. Si dice algo, probablemente es más o menos esto: 'Gritar no te servirá de nada. ¿Por qué no puedes hablar como una persona civilizada?'. El se mantiene tan sereno que yo me exaspero todavía más. No le importo ni siquiera lo suficiente como para que llegue a alterarse."

Bofetadas no verbales

Otra respuesta de Wendy se manifiesta cuando una mujer castiga a su marido de forma no verbal. Un ejemplo típico es el de la mujer que gasta dinero en cosas que en realidad no necesita. El valor de choque de las bofetadas no verbales está en la forma de una factura que llega a fin de mes. Esto ocurre más a menudo en familias de clase media alta, donde la esposa depende en grado considerable de los ingresos de su marido, que están por encima del término medio.

La mujer encuentra una dimensión adicional de placer compartiendo con sus amigas sus actividades encubiertas. Una castigadora explicaba ese beneficio adicional de esta forma: "Nos reunimos los martes a media mañana para comer algo. Algunas de nosotras salimos a hacer compras antes de encontrarnos, otras después de comer, y la mayoría antes y después. El tema más importante es lo que hemos comprado y cómo afectará eso a nuestros maridos. Comparamos reacciones, vemos cuál de los maridos es el más cómico. Nos reímos como unas tontas. Algunas de las chicas consiguen que el marido pague sin darse cuenta, pero otras son descubiertas. Da lo mismo. Sólo ver la sorpresa en las caras de ellos hace que valga la pena."

El ojo del diablo

Muchos padres son capaces de comunicarse con sus hijos mirándoles de cierta menera. Una mirada penetrante, una leve inclinación de cabeza hacia un lado, una determinada expresión facial, le dirán al niño que será mejor que cese de hacer lo que está haciendo. Muchos adultos se refieren jocosamente a esta estrategia como el "ojo del diablo". Cuando una mujer mira con ojo del diablo a su compañero para comunicarle su disgusto, se ha colocado firmemente en el papel maternal.

Cuando una mujer me explicó que ella podía hacer que su marido se calmara en una fiesta, mirándole con el "ojo del diablo". Le pregunté por qué era efectiva una señal no verbal tan distante. Ella nunca se había hecho esa pregunta.

Yo respondí a mi propia pregunta.

—El tuvo que aprender en alguna parte el significado del "ojo del diablo". Supongo que usted no le enseñó a que inhibiera su conducta cuando recibiese cierta mirada de una mujer. En realidad, fue su madre quien le enseñó. Y cuando usted lo mira con el "ojo del diablo" y él responde, ¿qué significa eso? ¿Usted es su madre y él su muchachito travieso?

Condicionamiento por aversión

La definición clásica de condicionamiento por aversión deriva de los estudios con ratas de laboratorio. Cuando la pobre rata toma un camino equivocado en su búsqueda del queso, recibe un choque eléctrico. Eso, supuestamente, le enseña a no volver a tomar ese camino equivocado.

El condicionamiento por aversión ha sido usado en muchos experimentos con chimpancés. Se comprobó que, aunque el castigo por aversión ayudaba a conformar la conducta, los chimpancés se ponían muy alterados cuando el experimentador quería meterlos nuevamente en la caja donde el experimento había tenido lugar. En otras palabras, el condicionamiento por aversión conformaba la conducta, pero creaba una actitud muy mala hacia el experimento.

Cuando una mujer castigadora usa procedimientos de condicionamiento por aversión, puede, ciertamente, corregir una conducta, pero su compañero desarrollará hacia ella una actitud muy negativa. En instancias futuras, él estará al acecho para desquitarse.

El golpe psicológico usado por la mujer viene en todas las variedades. Cada una golpea en el punto más débil del hombre. El golpe que parece disfrutar de la preferencia universal es el "golpe de fiesta". Una anfitriona habitual resume la conducta de esa "golpeadora de fiesta".

"Creo que no quiero tenerla en mi próxima fiesta. Ella debe de ser la mujer más mala viviente. El sábado pasado, teníamos una pequeña cena íntima. Después de una copa, ella empezó a atacarle. No importa de qué estuviésemos hablando, ella encontraba siempre una forma de dirigir la conversación hacia el pobre Harry."

"Alguien dijo algo acerca de torneos de tenis, y ella dijo: 'Yo no soy lo suficientemente buena para que Harry juegue conmigo. El todavía se cree que tiene dieciocho años. Pero pasad una noche con él, y veréis que no es así.'"

"Más tarde, estábamos sentados en el salón y yo mencioné que nosotras, las mujeres, deberíamos reunirnos para salir a almorzar la próxima semana. Sin perder un instante, ella dijo: 'Creo que a Harry le daría un ataque si yo saliera a divertirme un poco. No puede soportar que yo me divierta.' Y dijo todo eso estando el pobre Harry ahí sentado."

El golpe, probablemente, ocurrirá en compañía social mixta, y con mucha frecuencia, hace referencias a mal funcionamiento sexual. La mujer pagará más tarde esos comentarios, probablemente a través de actividades pasivo—agresivas de su compañero.

Un ejemplo de este tipo de castigo ejecutado en privado es cuando una mujer hace una comparación negativa entre su compañero y otro hombre. Puede hacerlo indirectamente: "¿Viste qué bien le sienta ese traje a Bill? Ojalá más hombres controlaran sus gordas barrigas." O directamente: "Por qué no puedes ser atento conmigo como lo es Bill con su esposa?". Noten la forma que toman los golpes. La crítica está amortiguada por la docilidad de una pregunta. En muchos casos, este procedimiento encubierto embota la reacción del hombre. El queda tan atrapado en su intento de responder a la pregunta —que en realidad no es una pregunta— que no le hace frente al golpe contenido en la interrogación.

Negación de privilegios

Privar a un niño de la televisión, música, golosinas o llamadas telefónicas puede ser un efectivo correctivo de malas conductas. El niño, habitualmente, se adaptará a las exigencias a fin de recuperar esos privilegios suspendidos.

Cuando una mujer hace de madre de su pareja, se enfrenta con el problema de encontrar algo que sea importante para él y que esté bajo el control de ella. Algunas mujeres controlan los gastos monetarios de su marido o la disponibilidad de comida, pero la mayoría de los hombres no son tan dependientes de sus mujeres como para que el dinero y la comida los obliguen a someterse a las directivas de su pareja. Inevitablemente, las mujeres que están buscando algo de qué privar a sus compañeros, se deciden por el sexo.

Cuando una mujer decide usar el sexo como un instrumento de control, se ha asegurado el desarrollo de dificultades y de malos sentimientos. También ha dejado en claro sus sentimientos en lo relacionado con su cuerpo. El mismo es una herramienta, desprovisto de deseo y calidez, a ser usada en actividades encubiertas en una guerra por la supremacia.

Si su agitar de la zanahoria sexual tiene éxito, varias cosas le pasarán a su compañero: él se dedicará a manipular a su mujer por medio de actividades clandestinas; en un intento de salvar su ego, ahondarán sus creencias en el machismo; su cólera se fortalecerá, lo mismo que la expresión de esa cólera; y será más probable que él tenga un romance extramatrimonial, no tanto en procura de sexo como de alguien a quien dominar, probando que él puede liberarse de su madre sustituta.

En el otro extremo de la zanahoria colgante, sucede una clase diferente de deterioro: se confirma la vacía visión de sí misma que tiene la mujer como una criatura sexual; su capacidad de gozar del sexo disminuye; su inquietud e insatisfacción aumentan, lo mismo que su cólera; y su amargura hacia la vida se concentra sobre su compañero, y en algunos casos, sobre los hombres en general, encerrándola en una visión pesimista del amor.

La Wendy atrapada en esta trampa sexual es una candidata ideal para un romance extramatrimonial. Su libido es, muy probablemente, enterrada debajo de la culpa y de la inferioridad. Ella es consciente de su necesidad de afecto, de ternura y de caricias. Si encuentra a un hombre que le dé ese nivel de calidez, probablemente ella explorará con profundidad dentro de sí misma su sexualidad. Si descubre la fuerza de su propia pasión, ansiará ser una mujer, y no una madre, de un hombre. Ya no puede fingir que goza del sexo o que está orgullosa de sí misma por manejar a su compañero. Buscará producir cambios en su compañero. Si ella y su compañero trabajan juntos, ella tiene una pasibilidad de romper el círculo vicioso. Si no lo hacen, ella se marchará y buscará a un hombre que pueda darle lo que desea.

La amargura que impulsa a una mujer a castigar a un hombre al que una vez amó está profundamente instalada en su psiquis. No se evapora en el calor creado por un revolcón en la cama. El sexo es una experiencia cortical —el ochenta por ciento del sexo ocurre más arriba de sus hombros—. Si una mujer quiere disfrutar de su cuerpo, será mejor que ponga orden en su cabeza. Identificar, controlar y finalmente, deshacerse de la amargura y el rencor es el primer paso hacia el éxtasis prometido por los partidarios de la terapia sexual rápida.

Cuando una mujer cuya amargura ha sido expresada en el castigo a su pareja decide cambiar, debe proceder con sumo cuidado. El rencor es sumo cuidado embarazosa y confusa. Es natural que una mujer desee librarse de él en un abrir y cerrar de ojos. Como una Wendy es muy hábil para engañarse a sí misma, es prácticamente natural que finja que el rencor ha desaparecido. Ella cubrirá su amargura con palabras llenas de madurez —respuestas de Campanita— y gestos de persona adulta. Veamos a una mujer así a través de los ojos de su mejor amigo.

"Mi amiga tiene un matrimonio desastroso. Ella lo ha negado durante años. Recientemente, ha tomado un nuevo enfoque. Ella dice: 'No me importa lo que haga él. Yo no puedo salvarlo. Sólo puedo salvarme a mí misma.'"

"Cuando habla de ese modo, yo no sé si está de veras enfadada con él. No creo que crea en sus propias palabras. Eso se ve cuando uno los ve juntos a los dos. Cada vez que él dice algo, ella rezuma una pegajosa dulzura. Por ejemplo, el otro día durante el almuerzo, él mencionó algo acerca de arreglar la luz del pasillo. En ese tono enfermante que usa, ella dijo: 'No querido, tú sabes que no puedes arreglar nada; no finjas.'"

"Si de veras quiso decir lo que dijo, no debió decir algo tan malo. Ella no puede ni siquiera ignorarlo a él cuando él actúa tontamente. Lo tiene bajo la piel y ella finge que no es así. Le diré una cosa, eso no puede durar."

La respuesta Wendy de castigo es el resultado de extensivas quejas, autocompasión, cólera vuelta hacia afuera y un último aliento de esperanza de cambio. Como siempre, la mujer no se da cuenta de que está encerrada en una trampa. Puede ser consciente de una extraña sensación de poder cuando puede vengarse de su compañero. Pero en cuanto el poder cede, ella queda con sentimientos de vergüenza y de incomodidad.

La mujer castigadora se convence de que su estilo punitivo es resultado de su sabiduría y su mundanidad. "Ningún hombre se va a aprovechar de mí. Si quiere sexo, será mejor que crea que yo no se lo voy a dar gratis." Esta es una mujer dueña de sí misma y sabia en las cosas mundanas, ¿verdad? No, no es cierto. Esta mujer ha cubierto sus sentimientos de inferioridad y soledad con una línea extraída directamente del *Manual del varón machista*. Mintiéndose a sí misma acerca de sus necesidades no satisfechas, ella se ha abierto a la misma vieja equivocación. Se sentirá tan desesperada por tener calidez y afecto que será candidata a un rápido viaje a la Tierra de Nunca Jamás con el próximo tipo apuesto y de palabras almibaradas con que tropiece. Ella no regalará el sexo; se lo robarán.

14

Tocando fondo:
Cuando hacer de madre no ha dado
resultado alguno

"No me queda nada para dar. Estoy aturdida. Siento que él gana."

Como indiqué antes, tocar fondo es una respuesta especial de Wendy. Ocurre cuando las estrategias se agotan. Cuando una mujer por fin se da cuenta de que su papel de madre no da resultado, toca fondo. Hay una tabla de salvación en el dolor y la congoja contenidos en tocar fondo; me refiero a que a la mujer se le da una oportunidad de reconocer que está inmovilizada por el dilema de Wendy. Tocar fondo puede ser el primer paso hacia el cambio constructivo, siempre que la mujer entienda la dinámica de la puerta que conduce al exterior de la trampa de Wendy.

La mujer que toca fondo exhibe una conducta que resume su vida. La conducta es contradictoria, depresiva, desconcertante y desordenada. Para sacar algo en limpio de la misma, ella debe a menudo hacer un repaso de toda su vida. Puede tener que remontarse a su infancia no con el propósito de desenterrar viejos recuerdos olvidados hace mucho tiempo, sino para revelar el oculto significado de su conducta diaria; conducta que está llena de mensajes en clave, activados cada día a medida que la historia se repite.

En la mayoría de los casos, la caída de una mujer hacia el fondo comienza mucho antes de que ella conozca a un varón adulto. Su ego fue construido sobre el tembloroso terreno del rechazo de sí misma, la inferioridad y un impulso de agradar siempre a los demás. Encontrar un hombre que la necesitaba fue a la vez su salvación y su ruina. La inmadurez de él le dio a ella la oportunidad de experimentar su propio valor a través de su papel maternal, mientras que la necesidad de control de él protegió a la niña asustada que se ocultaba dentro de ella.

Volvamos a visitar a Cindy (Capítulo 1). Si recuerdan, ella era la mujer que tocó fondo cuando advirtió que esperaba con impaciencia que su marido se ausentara de la ciudad en viaje de negocios. Cindy, de treinta y siete años, tiene tres hijos y una vida entera por delante. Sin embargo, no le interesa mucho vivir. No es suicida... aún no, por lo menos. La conocí poco después que la dieran de alta de un hospital, donde le habían diagnosticado una depresión.

Los tests resultaron todos negativos. El médico dijo que debían de ser los nervios. El huir constantemente del rechazo y la desaprobación finalmente se cobraban la cuenta.

—Su problema conyugal es nada más que la punta del iceberg —dije yo—. Debe mirar debajo de la superficie y buscar la causa del problema.

Cindy pensó cuidadosamente en mis palabras.

—¿Pero dónde encuentro la causa de mis problemas? No puedo volver a mi infancia, no es mucho lo que recuerdo que sucediera antes de tener seis o siete años.

—Lo primero que tiene que hacer es no exigirse tanto. Empiece por relajarse y por dejar que se vaya la tensión.

132

—¿Eso cómo ayudará a salir del fondo?

Expliqué:

—Bueno, ¿cómo supo que era desdichada con Ed? Usted se sentía más relajada cuando él se marchaba, ¿verdad? Y se dio cuenta de que esa sensación de relajamiento era muy diferente de las sensaciones que experimentaba la mayor parte del tiempo. Fue esa sensación de relajación lo que le permitió tener una perspectiva. Usted estuvo lo suficientemente serena durante un tiempo para poder pensar con claridad. Y entonces, lo supo. Lo que le estoy diciendo es que siga el mismo camino para descubrir cómo fue como llegó al fondo.

—¿Está diciendo que debería confiar en mí misma?

—Exactamente.

—Pero no sé cómo hacerlo.

—¿Confía en usted misma para ir a una clase de gimnasia? ¿A la biblioteca? ¿Para conseguir una canguro e ir al cine sola o con una amiga? ¿Para tomar una copa después del trabajo? —Yo hacía una breve pausa después de cada pregunta para que ella me pudiera seguir.— Esas cosas le permitirán olvidarse de sus problemas un rato. Le permitirán relajarse y entretenerse.

—Pero eso es ser egocéntrica —dijo ella, como si no hubiera más que decir.

Mi respuesta la sorprendió.

—Eso es absolutamente correcto. Si usted es egocéntrica, entonces cuide de usted misma. Es algo que últimamente no ha estado haciendo bien.

—No sé cómo hacerlo.

—Es hora de que aprenda entonces.

Cindy parecía positiva en lo relacionado con la terapia. Pidió que le diera tareas para la casa, pero yo sugerí que esperásemos. Ella necesitaba aprender a relajarse y a confiar en sí misma antes de trabajar en áreas específicas de cambio. Si se movía demasiado deprisa, correría el riesgo de encontrarse con el fracaso y reforzar así su actitud pesimista hacia la vida.

Mientras ella no negase la realidad de su trampa de Wendy, el tiempo tendría un efecto positivo. La ayudaría poner su despertar en la perspectiva apropiada. El darse cuenta de que se sentía más en paz con Ed —cuando él estaba lejos unos días—, fue una experiencia reveladora. Pudo suceder mientras estaba doblando ropa, preparando el almuerzo para sus hijos o subiendo a la planta de arriba para darse una ducha. Algo pasó dentro de su cabeza. Algunas mujeres dicen: "De pronto la luz se encendió", mientras otras lo describen como si un pensamiento hubiera estado allí, y de pronto ellas se percataran de su verdad. También puede ser una experiencia de "la última gota". Pero sin excepción, hay un aspecto positivo en el súbito estallido de comprensión. De toda la confusión, surge una cosa que está perfectamente clara.

Esa experiencia llevará a la mujer a una mayor comprensión de su vida si la acepta sin temores y remordimientos. Proporciona un fundamento sobre el cual construir otra vida partiendo de trozos y fragmentos de realidad. Hasta la ayudará a descubrir la forma de salir de la trampa de las actitudes maternales.

En nuestra siguiente sesión, Cindy parecía a punto de estallar con nuevos descubrimientos.

—Mi vida es como un libro. Tengo páginas que cubren todo lo que digo o lo que hago. Hay capítulos en mi libro, cada uno con su propio encabezamiento. Los encabezamientos son cosas que yo digo para sentirme mejor. Esas cosas funcionan por un tiempo. Sabe usted, hasta digo esas cosas en voz alta. Es realmente extraño oírse hablar una misma. Juro que mis hijos deben de creer que estoy chiflada. Toda la semana he estado hablando conmigo misma. ¿Eso es normal?

Deliberadamente ignoré la pregunta. Sabía que volvería a hacerla.

—¿Cuáles son los encabezamientos de los capítulos del libro de su vida?

—Bueno, no sé en qué orden están, pero uno de los más grandes es "Todo saldrá bien". Lo digo cuando me siento mal y todo está saliendo mal. Me da un poco de aliento. Pero el efecto positivo desaparece en cuanto me doy cuenta de que nada ha cambiado. Las cosas, simplemente, se repiten. Nada saldrá bien a menos que yo lo cambie.

—Suena como si lo que usted realmente necesita fuera alguien que la abrace.

Cindy desvió la mirada, avergonzada de sus lágrimas.

—Sí, pero yo no puedo pedirlo.

—¿Por qué no?

—No sé cómo hacerlo.

—Quizás usted piensa que no lo merece.

Sacó un pañuelo y dijo:

—Sabe, realmente es una tontería. Quiro decir, aquí estoy yo, una mujer mayor y tonta, y no creo merecer un abrazo.

Alcé un poco la voz y dije:

—Le diré qué vamos a hacer. Revisaremos los capítulos de su libro si usted no se llama a sí misma cosas como "tonta" ¿De acuerdo?

Ella rió y continuó:

—Otro de mis capítulos se llama "Todo se arreglará". Lo uso después de pasar por una discusión terrible con Ed. Yo grito, lo acuso de cosas espantosas y después, cuando él se va, digo: "Tranquilízate, todo se arreglará." Pero es como con el otro capítulo. Nada cambia. No se arregla.

—¿Qué es lo que no se arregla?

—Oh, la falta de calidez y ternura de Ed, nuestra pésima vida sexual, las exigencias de los hijos, mi infelicidad...lo que usted quiera.

—Ninguno de los encabezamientos de esos capítulos está mal. Una vez que haga algunos cambios en su vida, podría necesitarlos. Todavía no los dejemos de lado.

—¿Qué le parece este?: "Agradece lo que tienes". Lo uso para ayudarme a olvidar las cosas que andan mal en mi vida.

—Suena como una negación de la verdad.

—Lo es.

—También suena como el comienzo de un capítulo que dice que usted no tiene derecho a esperar felicidad de la vida. ¿Tiene usted que contentarse con un hombre que considera que un cheque es la suma total de sus responsabilidades hacia su familia?

—Pero yo debería estar agradecida por lo que he conseguido. Recuerde que le dije que Ed no es un mal hombre. El trata de ser bueno conmigo. Sólo que no es suficiente.

—Muy bien. Esté agradecida por lo que tiene. Pero distíngalo de lo que quiere tener.

—Ese es el problema. No sé lo que quiero.

—¿Entonces cómo sabe que no quiere a Ed?

—Es que no lo sé. —Cindy parecía frustrada. — Parece que estamos moviéndonos en círculos. Quizá yo debería dejar de tratar de averiguarlo.

Yo seguí insistiendo.

—¿Es eso lo que usted hace cuando se mueve en círculos con Ed... rendirse?

—No. Uso el encabezamiento de mi capítulo favorito, "No hagas olas". Parece que no tengo ningún problema cuando no hago olas. Y cada vez que hago olas, quedo confundida o alterada. Puede ser una salida tramposa, pero es más fácil.

Le dirigí una sonrisa de reproche.

—¿Acaba de llamarse a sí misma tramposa?

Como una niña de seis años, sorprendida con la mano dentro del tarro de bizcochitos, Cindy respondió:

—¿Quién? ¿Yo? ¡Yo no!

El silencio nos refrescó a los dos.

Tomé el último pensamiento.

—Cuando usted evita "hacer olas", actúa como una madre permisiva que no desea asumir el posible estallido de mal carácter de su hijo. Pero de ese modo, se expone al chantaje y a la falta de respeto. Quizá no debiera calmar las aguas del descontento. Quizá debería dejarlas solas y ver qué clase de tormenta se produce.

Cindy hizo una pausa, se armó de valor y después me comentó algo que, obviamente, tenía pensado hacía rato.

—Cuando vengo a verlo, siento como si usted me golpeara.

Quedé intrigado.

—¿Golpearla?

—Sí. Siento como si me tuviera acorralada en un rincón y me golpeara. Como si no fuera a dejarme tranquila.

—¿Cómo hago yo eso?

—Me desafía, me acosa. A veces, apenas puedo respirar.

—¿Eso duele?

—Sí. Bueno, en realidad, no. Usted me quita todas mis defensas. Y eso duele, pero al mismo tiempo una se siente bien. ¿Tiene algún sentido?

—Desde luego.

—Me enfado tanto con usted que no puedo ver con claridad. Me gustaría arrojarle mi taza de café, marcharme de aquí y no volver nunca más.

—¿Por qué no lo hace?

—Porque usted puede ayudarme a librarme de esos sentimientos.

—¿Qué sentimientos?

—Vamos, usted sabe. Temor, amargura, rencor, cólera, culpa. Usted sabe.

—Yo nunca dije que la ayudaría a librarse de esos sentimientos.

Cindy quedó turbada.

—Pero si por eso estoy aquí. Quiero que esos sentimientos se vayan. Quiero sentirme como debo sentirme.

—¿Cómo es eso?

Ella estaba impacientándose.

—Feliz, contenta. Usted lo llama ser una Campanita. Quiero librarme de Wendy y convertirme en una Campanita.

Yo me puse muy serio.

—Nunca lo conseguirá con esa actitud.

—¿Qué actitud?

—La actitud que dice que usted quiere librarse de los malos sentimientos.

—¿Qué tiene de malo esa actitud?

Suavicé mi voz y hablé con más lentitud. Quería que ella entendiera plenamente la clave para escapar de su trampa.

—La actitud está equivocada porque no existe algo como un mal sentimiento. Si los hubiera, usted sería mala por tener un determinado sentimiento. Y si fuera mala, no habría ninguna razón para tratar de cambiar, porque no podría hacerlo.

—Aguarde un momento. —Como todas las mujeres atrapadas en la trampa de Wendy, a Cindy le costaba diferenciar el bosque de los árboles. —Si un sentimiento es negativo y duele, ¿no es malo?

—Puede ser indeseable, pero no es malo. En realidad, es bueno.

—Ahora sí que estoy confundida. Usted va a decirme que mi amargura es buena. Sea serio, por favor.

—Es más que buena. Es importante, y usted debería alegrarse de tenerla.

Cindy rió tontamente. —Creo que usted debería ver a un buen psiquiatra.

Yo continué, señalando algo que es tan obvio que resulta difícil de ver.

—Todos sus sentimientos son buenos, simplemente porque usted es buena y todo lo que usted siente también es bueno. Su amargura es importante porque puede aprender de ella. Esa niñita asustada que hay dentro de usted, y a la que yo llamo Wendy, está tratando de decirle algo. Y si usted la llama "mala" y trata de hacer que se vaya, ella se mantendrá oculta, pero no se irá. Es parte de usted. Quizás pueda ayudarla a crecer y a no tener más temor. Pero créame que no lo conseguirá si la llama "mala" y trata de expulsarla.

—Lo que usted me está diciendo es que, para hacer que se vayan esos sentimientos, yo debo dejar de tratar de hacer que se vayan. Eso no tiene ningún sentido.

—Déjeme que lo diga de esta forma. Usted quiere dejar de ser una Wendy y convertirse en una Campanita, ¿verdad?

—Sí.

—Bueno, ¿cómo puede moverse si no empieza por alguna parte?

La mirada de ella fue intensa.

138

—Usted quiere que yo la ayude a ahuyentar la maldad lejos de usted, a Wendy, y a convertirse en buena, en una Campanita. Eso nunca resultará. Y yo no lo haría si pudiera.

Continué.

—Si yo accediera a ayudarla a librarse de los así llamados "malos sentimientos", ¿entonces no estaría de acuerdo en calificarla a usted de "mala"?

—Usted me está diciendo que yo, para cambiar, debo aceptarme tal como soy.

—¡Exactamente! Usted está atrapada en un dilema. Quiere dejar de actuar como madre, pero no quiere dejar de querer. En vez de aprender a caminar sobre una barra estrecha, usted simplemente renunció a intentarlo. Eso es desafortunado e indeseable, pero no es malo. En realidad, si usted lo acepta, es bueno. Una vez que lo acepte, puede empezar a resolver el dilema.

—Todo eso suena muy sencillo.

—Lo es. En realidad, es tan sencillo que es difícil de hacer. Imagínese a Wendy como una niñita atemorizada. Trate de llegar a ella, de ayudarla, pero no la condene. Ella no es condenable. Está asustada y necesita una amiga. Usted puede ser esa amiga.

Cindy sonrió. Ahora sentía la calidez de darse cuenta de que Wendy era una parte de ella, una parte buena de ella. Esa noción estaba señalándole la salida de la trampa. Mientras no condenara a Wendy, podría ayudarla a salir de la trampa.

Si dejaba de condenar una parte de sí misma, Cindy estaba lista para aprender a escapar de la trampa de las actitudes maternales y resolver el dilema de Wendy. En otras palabras, estaría lista para convertirse en una Campanita.

PARA RESOLVER
EL DILEMA DE WENDY

PARTE IV

ESCAPE:
CONVERTIRSE EN CAMPANITA

Convertirse en una Campanita infunde miedo. Significa afrontar sus respuestas de Wendy y derribar la muralla de defensas que la protege del temor al rechazo y de los sentimientos de inferioridad. Significa experimentar con su imagen social, controlarla porque usted quiere y no porque deba hacerlo. Sobre todo, significa asumir el dilema de Wendy y cambiar su estilo de vida, quizá lo más terrible de todo.

El cambio pone a prueba su esperanza. Mientras conserve esperanza dentro de su corazón, lejos de la realidad, siempre la tendrá. Pero si actúa según su esperanza, y esta resulta vana, pierde el as que tenía en la manga. Hay mucha esperanza en los capítulos que siguen. Si una estrategia fracasa, encontrará otra, y otra más adelante. Una de ellas debe proporcionarle cierto grado de éxito y un incremento de la esperanza.

Los capítulos siguientes resumen mi trabajo con mujeres que estaban en una u otra etapa a punto de convertirse en Campanitas. Ellas deseaban aceptar la responsabilidad de sus propios problemas y hacer que su vida fuera mejor. Todas tenían una cosa en común: querían resolver el dilema de Wendy. Cuando lea esta sección, no busque el mapa de márgenes dorados con una X gigante que señale el lugar del tesoro: la paz mental absoluta. Ese mapa no existe. Si espera encontrarlo, se sentirá amargamente decepcionada y terminará llena de tristeza... además de furiosa conmigo.

Cuando busca una respuesta absoluta fuera de usted misma, está cometiendo dos errores: cede el control sobre su propio destino, y sugiere que no tiene el derecho a equivocarse. ¡Pero usted lo tiene! Tiene derecho a ser una Wendy. Una vez que se haya otorgado a sí misma ese derecho, ha comenzado a asumir el control de su vida y, en fin, de su destino. Si acepta sus respuestas de Wendy sin culpa o vergüenza, y añade un poquito de humor en la medida que pueda, comprobará que hay una fuerza natural interior que la llevará a encontrar su respuesta. Yo sólo puedo ayudar en ese proceso.

15

Aprender a aceptar a Wendy

*"Una parte de mí está perturbada. Aceptarlo
es más difícil de lo que yo creía"*

Hay dos partes en la personalidad de Wendy. En primer lugar hay una niñita atemorizada. Es dulce, ingenua y temerosa. Por otra parte hay una seudomadre. La seudomadre protege a la niñita asustada siendo juzgadora y posesiva, y haciendo todo lo posible por mantener alejado al amor. Trata de proteger cualquier daño a la pequeña. Es una alianza formada cuando Wendy era muy pequeña.

La niña quiere crecer y amar a un hombre; la madre sabe que la niña puede ser rechazada, de modo que mantiene alejado al hombre. Una forma como la seudomadre asegura la seguridad de la niña es encontrando un hombre que tampoco haya crecido. Es el hombre—niño que le dará a Wendy la oportunidad de amar a alguien, a la vez que reduce al mínimo los riesgos de ser rechazada.

Todas la mujeres tienen un poquito de Wendy dentro de la compleja red intrapsíquica llamada personalidad.

145

Wendy puede tener un papel menor en la vida de una mujer, emergiendo solamente en raros momentos; o un papel importante, dominando su conducta diaria. Cualquiera que sea el grado de presencia, el primer paso para tratar con Wendy es aprender a aceptarla.

Wendy tiene fuerzas y debilidades. Tiene un espíritu frágil y un recio exterior. Si trata de excluirla de su vida, ella se resistirá con todas sus fuerzas. Hay que recordar que es una experta en manejarse con el rechazo. En realidad, espera el rechazo, de modo que cuando rechace a la Wendy que lleva dentro, ella estará preparada. La seudomadre erige una defensa inmediata y ataca todo lo que se le cruce en el camino a fin de protegerse a sí misma, la niña se vuelve más débil y más insegura. Cuando usted rechaza a la Wendy que lleva dentro, vuelve más débil a Wendy y más fuerte a la seudomadre, y a ambas más resistentes al cambio.

El secreto para resolver el dilema de Wendy es aceptar a la Wendy que usted lleva dentro. — Del mismo modo, para los varones el secreto de la superación del síndrome de Peter Pan es aceptar al muchachito asustado que llevan consigo—. Para aceptar a Wendy, es menester saber quién es ella y cómo se relaciona con el resto de la personalidad de usted. Es fácil ver a Wendy en otras mujeres, pero no lo distinguirá la que vive dentro de usted. Pero es posible encontrarla, oírla, entenderla. Para lograrlo, deber reconocer un hecho sencillo: la personalidad está compuesta de muchas partes que se comunican entre sí a través de un sistema de lenguaje interior. No es nada sorprendente, pero todos hablamos con nosotros mismos. Cuando encuentre una forma de escuchar subrepticiamente esa conversación, podrá desvelar el misterio de cómo ayudar a crecer a esa niña asustada.

El doctor Thomas Harris, en su libro *Yo estoy bien... Tú estás bien*, popularizó la idea de que partes de nosotros mismos se comunican unas con otras. El identificó tres —padre, adulto e hijo— y las llamó "estados del ego". El padre le dice al hijo lo ue tiene que hacer, el hijo trata de ignorar al padre y de hacer lo que más le gusta, y el

adulto trata de controlar a todos a fin de que no se auto-
destruyan.

Enfrentadas con la excitación de una fiesta de Año
Nuevo, las tres partes pueden mantener la siguiente conversación.

HIJO: Quiero beber más alcohol, comer más, bailar
           más y...
PADRE: Ya has tenido suficiente. Cálmate, recupera la
           sobriedad y regresa a casa.
HIJO: No quiero, y tú no puedes obligarme.
PADRE: Oh, sí que puedo.
HIJO: No, te digo que no puedes.
PADRE: Escúchame, diablillo insolente.
ADULTO: Basta a los dos. Tranquilizaos. Hijo, el padre
           tiene razón. Si comes y bebes más, te hará
           daño. Padre, comprende que el hijo quiere
           divertirse un poco. Sé un poquito más tole-
           rante.

El trabajo del adulto es controlar al hijo y al padre,
equilibrar las fuerzas de la moralidad estricta y de la diversión desenfrenada. El adulto es la voz de la lógica y la
información. En la mayoría de las personas, el adulto actúa
como presidente de una junta directiva, ayudando a que
todos expresen sus opiniones de la mejor forma que su
capacidad lo permita. Cuando las cosas andan como tienen que ir, la lógica y la información del adulto deciden
qué curso de acción se seguirá.

Enseñé a Cindy (capítulos 1 y 14) a escuchar sus conversaciones internas. Empezamos con la tríada de padre—
adulto—niño y construimos a partir de allí. Una vez que
aprendió pudo usar a su adulto consciente para escuchar
el grito de ayuda de la niña asustada, entender por qué
Wendy proyectaba una imagen paternal, y ayudar a la
madre a relajarse y a la niña a crecer.

La técnica que usó Cindy está dirigida a exteriori-
zar la conversación interna. Se llama psicodrama gestáltico. Es "gestáltico" porque ella estudió las partes indivi-

duales que había dentro de ella y trabajó ordenándolas en un todo significativo. Es "psicodrama" porque dio una presentación externa a la información neurológica a través de un juego de papeles ampliado. Ella representaba sus conflictos internos.

El psicodrama gestáltico fue pensado para usarlo en psicoterapia de grupo. Sin embargo, con modificaciones menores, puede ser empleado en privado por un individuo que tenga el deseo de autoconocerse y algunas dotan para el drama. Si usted no tiene éxito con mi versión de psicodrama gestáltico, tiene dos opciones. Primero, estudiar la experiencia de Cindy y ver si algo de la misma se aplica a su vida; o buscar a un psicoterapeuta que la ayude a representar su investigación dramática. La primera opción puede ser suficiente, puesto que la investigación de psicoterapia de grupo sugiere que muchas personas se benefician con ser "observadores activos".

Cindy participaba en el psicodrama porque quería oír y entender a su Wendy. Si hubiese tenido problemas psicológicos serios, yo le habría recomendado psicoterapia individual como parte del psicodrama. Pero ella era básicamente una persona bien adaptada, de modo que existía una buena oportunidad de que pudiera usar la técnica como parte del proceso de descubrimiento de sí misma.

Le recomendé que siguiera con su psicodrama en la intimidad de una habitación que tuviera por lo menos cuatro sillas. Durante nuestra sesión de práctica en mi despacho, yo usaba tres sillones y una silla de escritorio. También encontramos utilidad para varias hojas de papel y una estilográfica.

Como Cindy tenía espontaneidad, y yo no quería aburrirla con explicaciones prolongadas, ella se lanzó a su psicodrama individual, aprendiendo a medida que lo generaba.

—Empecemos caminando por la habitación; relaje sus músculos y acostúmbrese a moverse. En el psicodrama, hay que poner las cosas en acción.

Yo le daba instrucciones a medida que nos movíamos.

148

—Lo primero que tenemos que hacer es precalentamiento. Es mejor comenzar un psicodrama teniendo la sensación de lo que uno va a hacer. En este precalentamiento, yo voy a pedirle que represente alguna situación. ¿Alguna vez le han puesto una multa de tráfico?

Ella rió.

—Claro que sí. Iba a sesenta en una zona ce cuarenta kilómetros por hora.

—Representaremos esa situación. ¿Recuerda lo primero que le dijo el policía?

—Sí. "¿Sabe que va a demasiada velocidad?". Yo dije que no, y enseguida empecé a llorar. Creo que estaba asustada.

—¿Recuerda que hablamos acerca del padre—adulto—hijo dentro de cada persona?

—Sí.

—¿Qué parte de usted le respondió primero al policía? ¿El padre, el adulto o el hijo?

—Creo que debió de ser el hijo. Después de todo, yo estaba asustada y lloraba. Eso tuvo que ser el hijo, ¿verdad?

—Correcto. Ahora representemos otra vez la escena y usted actuará como si hubiera actuado el padre. Recuerde, el padre juzga, dirige y les dice a las personas lo que está bien y está mal. ¿Todavía me sigue?

—Oh, sí. Sólo que responde el padre.

—Muy bien. Siéntese aquí. Quiero que ahora sea el padre respondiéndole al oficial.

Cuando Cindy se sentó, yo preparé la escena.

—Yo soy el oficial y la he hecho detenerse. Me dispongo a hablar con usted.

Recordando al policía estatal que me había hecho detenerme la última vez, hice todo lo posible por imitar a un severo representante de la ley.

—Buenos días, señora. ¿Puedo ver su permiso de conducir?

Tomé el permiso imaginario de la mano de Cindy, y dije:

—¿Sabe que iba a velocidad excesiva?

Cindy como padre, respondió:

—Se equivoca, señor, yo no iba a velocidad excesiva. Después de todo, me hubiera dado cuenta. Y yo nunca me excedo en mi velocidad. Su máquina debe de estar rota.

—Usted iba a sesenta kilómetros por hora en una zona de cuarenta kilómetros por hora.

Cindy dijo:

—Bueno, señor, lamento decirlo, pero su linda maquinita está equivocada. Yo no viajo a velocidad excesiva. No sé cómo puedo decírselo con más claridad. —Cindy estaba impaciente.

Yo interrumpí la escena:

—¡Vaya, sin duda se ha metido en ese papel!

—Pues claro que sí. Hasta estaba furiosa.

—Eso significa, sencillamente, que tuvo éxito al conseguir la representación dramática de una situación de la vida real.

Crucé la habitación y le di más instrucciones.

—Ahora, intentémoslo otra vez. Sólo que ahora reaccione como lo haría el adulto. Recuerde que el adulto da y pide información, usando la lógica como guía. Para que se haga una idea del cambio, quiero que se siente en otro sillón.

Ella cambió de asiento, y dijo:

—Muy bien.

Yo repetí mis líneas exactamente como antes. Esta vez, Cindy tuvo cierta dificultad con el papel pero lo representó bastante bien.

—Oficial, no estoy segura de lo que usted quiere decir. Creo que yo no iba a velocidad excesiva. ¿Puedo ver su radar?

Yo accedí.

—¿Hay alguna posibilidad de que su máquina esté equivocada?

—No, señora —dijo él.

—Bueno, sin duda es extraño. Yo nunca sobrepaso la velocidad. ¿Está seguro de que estaba en la zona de cuarenta kilómetros por hora?

Yo interrumpí la escena, y dije:

—Está bien. ¿Capta la idea de cómo representar papeles diferentes en la misma situación?

—Sí creo que sí.

—Bien. Ahora, pasemos a un área más complicada. Hay muchas personalidades dentro de su cabeza, no solamente padre, adulto e hijo. Todas ellas representan una parte de su verdadero yo. La primera persona que quiero que saque de su cabeza es Wendy. Quiero que la ponga en este sillón, será la parte de Cindy que es una Wendy. Pero antes de sentarse, quiero que piense en la última vez que recuerde que Wendy salió fuera. ¿Dónde estaba usted, quién estaba con usted, y qué estaba haciendo?

—Bueno, no estoy segura; creo que Wendy apareció anoche. Era la hora de cenar y los chicos estaban discutiendo sobre a quién le tocaba poner la mesa. Yo les grité que se calmaran y entonces creo que le dije a Ed que me ayudara. No sé con seguridad qué pasó después. Recuerdo que los chicos seguían peleando, y Ed, se quedó en la sala de estar, leyendo su periódico. Oh, ya sé, empezamos esa gigantesca discusión acerca de los chicos.

—Quiero que piense en lo que sucedió anoche como si fuera una película. Trate de recordar un momento en que las cosas se pusieron realmente feas. Recuerde, si puede, la frase que pudo haberla descontrolado.

Cindy relató la escena en voz alta, detallando las palabras y las acciones de los actores principales. Cuando repasaba lentamente los acontecimientos de esa noche, llegó a la frase crítica.

—Yo le pedí a Ed que me ayudara con los chicos, y él dijo: "Tú les permitirías a tus hijos hasta un asesinato." Eso, realmente, me puso fuera de control. Traté de mantener la calma, y...

—Un momento. Recreemos la escena. Siéntese en su sillón de Wendy y repitamos lo sucedido. Yo seré Ed y usted, usted misma. Empiece por pedirme ayuda y yo diré lo que dijo Ed. Veremos qué sucede.

Fui al otro lado de la habitación, explicando que yo estaba leyendo el periódico en la sala de estar.

—Muy bien. Siéntese en el sillón y yo haré mi imitación de Ed. —Tomé mi cuaderno de anotaciones y lo sostuve delante de mí como si fuera un periódico.— Empecemos. —Empecé a tararear, como si estuviera disfrutando intensamente de la lectura.

Cindy dijo:

—Ed, ven a ayudarme con los chicos.

En tono huraño, repliqué:

—Maldita sea, Cindy, a esos chicos les permites hasta que cometan un asesinato.

Ella enarcó las cejas como si el recuerdo la sacara del cuarto de terapia y la llevara a su casa.

—No es cierto. Son buenos chicos. Sólo necesitan que les enseñen un poco de modales.

Cindy había reaccionado por reflejo, de modo que la presioné.

—Yo les enseñaré buenas maneras con la palma de mi mano.

—Esa es tu respuesta para todo. Si tuvieras algo de sentimientos, sabrías cómo duele eso. —Cindy sonreía.

—Los sentimientos no tienen nada que ver. Dijiste que querías ayuda con los chicos y yo te he dicho como iba a ayudarte. Pero tú no me dejas. —Yo inserté una frase de muchachito como si fuera una respuesta de Ed.

Cindy pasó al martirio moderado.

—Trato de ser una buena esposa y una buena madre, y no recibo ninguna ayuda de ti. Termino teniendo que ocuparme yo sola de tus hijos. —El énfasis sarcástico en el "tus" marcó el comienzo de un castigo suave.

Aunque yo estaba representando un papel, me sentí aturdido. Había recibido una pequeña palmada en las manos. Me aferré a lo que pensé que Ed pudo haber dicho. —Te gusta atormentarme después que he tenido un día malo, ¿no es cierto? —Ed usaría también una maniobra pasivo—agresiva para quitarse de encima a Cindy.

Este último comentario tuvo efecto. Cindy perdió su concentración, y dijo:

—¡Caray, lo mismo de siempre! Siempre termina de la misma manera.

Yo también volví al aquí y ahora.

—¿Hemos representado los papeles con exactitud?

—¡Claro que sí! Demasiado exacto. Hubiera podido golpearlo.

—Muy bien. Déle a eso una voz.

—¿Qué?

—Continuemos sacando partes de Cindy de su cabeza. Acabo de oír otra parte. Cólera. Pase a otro sillón y déle oportunidad de decir lo suyo a la cólera. Cuando se siente en ese sillón, será la parte de Cindy que está encolerizada. Siéntese y esté encolerizada.

Cindy pasó a otro sillón y estuvo un momento sin moverse.

—No sé qué decir.

—Pues diga cómo se siente. —La presioné un poco.— Usted, hace un momento, estuvo a punto de golpear a Ed. Bueno, golpéelo, pero solamente con palabras.

—Realmente, no me gusta que me hable de ese modo. —Su declaración fue tensa y seca, como si la leyera de un libro de texto.

—Tiene dificultad para encolerizarse, ¿verdad?

—Cuando me siento aquí, no puedo sentir cólera.

—Pero pudo sentirla allá, cuando estaba personificando a Wendy.

—Sí.

—Bueno, vuelva aquí e inténtelo otra vez.

Cindy volvió a su sillón de Wendy, se sentó, y sin mucho trabajo empezó a regañar a Ed.

—Eres un niño, un niño asustado. No tienes agallas para relacionarte con una mujer, una mujer de verdad. Sientes lástima de ti mismo, por todos lados actúas como un gran tipo, pero a la gente que para ti debería estar primero... tu familia... la ignoras. Y esperas que yo haga todo lo que tú quieres, pero no quieres hacer lo que quiero yo.

Hizo una pausa que yo aproveché inmediatamente.

—¿Qué tal?

—Bien y mal. Bien, porque es la forma como me siento. Mal, porque... no sé, algo hay que lo siento mal.

Cindy estaba ante un bloqueo temporal, señal de que debíamos movernos por la habitación y mirar desde un ángulo nuevo lo que había ocurrido.

—Caminemos un poco, y hablemos de lo que tenemos aquí. Cuando usted era Wendy experimentó varias reacciones. Primero, se disculpó por los chicos, después empezó a quejarse, y luego pasó a la autocompasión y a una referencia a los hijos de él.

—¡Ajá! Eso apesta. Qué estúpida.

Interrumpí mi análisis y miré a Cindy en silencio. Después dije:

—¿Quién sigue llamándola esas cosas desagradables?

—No lo sé.

Aproveché el momento, señalé otro sillón y dije:
—Siéntese en ese sillón y repita lo que acaba de decir, lo de ser una estúpida.

Cindy se sentó sin interrumpir su concentración.

—Es verdad. Cuando yo... quiero decir, cuando Cindy se comporta así, es una estúpida y apesta. Deja que ese hombre la haga hablar de forma ridícula. El la lleva donde se le antoja y ella no hace nada por impedirlo, excepto quejarse y tratar de desquitarse. Realmente, tendría que crecer.

Tomé gentilmente a Cindy del brazo, caminé con ella hasta el otro extremo de la habitación y, en tono de conspiración, apelé a su voz de lógica adulta, diciendo:

—Bueno, doctora Cindy, como psiquiatra recién graduada, ¿cuál es su opinión acerca de lo que dice esta mujer?

A Cindy le gustó el cambio de papel.

—Yo diría que es un caso terrible de falta de autoestima. Ella es demasiado dura consigo misma.

Yo continué mi consulta.

—Quizás alguien debería decirle eso, alguien en quien ella confíe. Dentro de la cabeza de esta paciente tiene que haber alguien que pueda hablarle y al que ella escuche.

El alejarse del escenario ayudó a Cindy a adquirir una nueva perspectiva.

154

—Hay alguien así. Hay otra faceta de ella que no es muy fuerte. Pero está allí.

—Veamos si podemos hacerla salir. —Cindy y yo volvimos al creciente círculo de asientos, y señalé uno donde la cólera había tenido dificultad para hablar. —La última vez que tratamos de poner en él algo más positivo. Siéntese en el sillón y háblele a Wendy... —señalé el sillón de Wendy— de lo que usted piensa de su conducta.

—Wendy, de veras tienes que enmendarte. Tú eres una chica buena, de veras lo eres. Pero te dejas enredar en toda clase de cosas estúpidas. No discutas con Ed. El se comporta como un niño. Cuando discutes con él, tú también te comportas como una criatura.

Era hora de que Cindy aprendiera a llevar adelante los refinados puntos del psicodrama... hacer que partes de ella misma realizaran diálogos entre sí. Me acerqué a Cindy y señalé con mi mano.

—Pase al sillón de Wendy y respóndale a la voz que acabamos de oír.

Cindy así lo hizo, ordenó sus pensamientos y dijo: —¿Cómo tengo que hacerlo cambiar? No quiero perderlo. Pero no lo quiero de la forma que es. ¿Tienes una respuesta para eso?

La concentración de Cindy se interrumpió momentáneamente. Pero ella la recuperó, demostrando que estaba acostumbrándose al drama.

—Yo quiero llamar estúpida a Wendy por decir esas cosas. Supongo que debería estar en ese sillón. —Señaló el sillón desde donde había venido la voz de autocondenación.

Ella necesitó solamente una orientación mínima. —Hágalo.

Cindy pasó al sillón en cuestión y dijo: —Pareces infantil. —Ahora había un tono despectivo en la voz de Cindy. —Por qué no puedes crecer y ver el mundo como es. Deja de ser tan niña.

Con un súbito estallido de perspicacia, Cindy se interrumpió y dijo:

—Esa es mi madre. Es mi madre la que habla. ¿Se da usted cuenta? Es mi madre quien está sentada aquí. A ella no le gusta Wendy en absoluto. Cree que es una niña tonta por querer más de lo que tiene.

Yo seguí insistiendo.

—Bueno, ¿hay alguien que pueda responderle?

—Wendy, seguramente, no puede. Pero este sillón pueda. Cindy se puso de pie y miró un sillón que todavía no tenía nombre. Se volvió hacia el sillón de la madre y dijo: —Deja tranquila a la niña. Demasiado tiempo has estado diciéndole lo que debe pensar. Ella tiene que vivir su vida y no puede vivirla de la forma que la vives tú.

La pausa marcó el fin de la interacción. Le indiqué a Cindy que me siguiera al rincón de consulta. No tuve que presionarla para que usara su faceta adulta al analizar la situación.

—Allí están el padre, el adulto y el hijo. Wendy es el hijo, mamá es el padre y el otro sillón es el adulto. Es un poco más complicado que eso. Wendy es una niña asustada, pero también tiene una cáustica parte paterna que se martiriza a sí misma y castiga a los demás. La madre está amargada con su propia vida, y se desquita con Wendy. Y el otro sillón, en realidad, no es adulto puro, porque ella tiene fuertes opiniones en ciertas direcciones.

Cindy avanzaba rápidamente.

—La madre también es una Wendy, en realidad. ¿No es así?

Su representación dejaba lugar a una lucidez adicional.

—Mi madre es nada más que una niñita triste y asustada que nunca creció, ¿verdad? Eso es exactamente como seré yo con mi hija, ¿no es cierto?

Yo la tranquilicé.

—No si sigue creciendo y creciendo como está creciendo ahora.

—¿Pero cómo consigo eso? No puedo seguir haciendo terapia el resto de mi vida.

—Claro que no. ¿Dice que no hay dentro de usted nada que pueda ayudarla?

—Creo que un sillón podría ayudar. Pero no sé qué es eso.

—Permítame que le dé una o dos sugerencias. Es una voz de confianza en sí misma, de una persona que no teme decir lo que piensa. Ella sabe reír, pasarlo bien y no dejarse atrapar por las conductas infantiles de otras personas. Ella existe dentro de su cabeza, pero no es muy fuerte. Eso se debe a que habitualmente es sofocada por Wendy y su madre. —Decidí hacer que ella adivinara.

—Eso me parece muy bien. Ojalá supiese quién es ella.

—Bueno, imagine usted que su Ed se acerca a esa mujer y dice, 'Tú a tus hijos les permitirías hasta el asesinato." ¿Puede oírla decir a ella "Eres un asno tonto"?

Las luces se encendieron dentro de la cabeza de Wendy. Hubo un brillo en sus ojos y una sonrisa en su cara. Dijo:

—Es Campanita, ¿verdad? Sí, es Campanita, sin duda.

Asentí con la cabeza.

En una expresión de espontaneidad, Cindy se acercó al sillón de Campanita, se sentó, y exclamó triunfalmente:

—Me quedo aquí para siempre.

—¿Quiere apostar? —dije.

—Seguro. Me libraré de esos sillones. Los pondré en su sala de espera. —Hablaba medio en serio.

—Usted y yo sabemos que no funcionará de ese modo. Wendy es una parte grande de usted. No puede desterrarla así como así. Usted tiene que ayudarla.

—A crecer, ¿verdad?

—Sí. Y a no temer. Y aprender a decir cosas agradables de ella misma en vez de agredirse todo el tiempo.

—¿Qué hago con la madre que está ahí?

—Sí, ¿qué hace?

—Creo que ella también tiene que crecer. Pero si eso no da resultado, pues... no sé.

—Habrá muchas cosas que aprender. Pero si confía en usted misma, lo descubrirá. De veras dará resultado. Siempre que usted trabaje en ello.

—¿Cómo trabajo en ello?

—Tal como lo ha hecho hoy. Sacando a la luz todas las partes de usted y dejándolas que hablen entre ellas.

—Pero Wendy es tan especial, tan quejica.

La miré con una expresión de "se ha oído usted misma lo que acaba de decir" y ella recapacitó.

—Lo sé, lo sé; no debería rechazarla de ese modo. No quiero decirlo de la forma que hubiera querido decirlo mi madre. Quise decir que ella no es mala, pero que siempre es pesada y excesivamente solícita para consigo misma. —Cindy reía.

—En serio, Cindy. Nunca ayudará a crecer a Wendy si se ríe de ella o si trata de excluirla de su vida. Eso es lo que quiero decir cuando le digo que no insulte a Wendy. Si piensa en nuestra sesión de hoy, recordará que hay muchas palabras duras moviéndose en su vida. Mucho insultar y maldecir. Si usted maldice a Wendy, en realidad se está maldiciendo o insultando usted misma. Wendy se ocultará detrás de esa fachada maternal y usted no podrá ayudarla a manejarse con sus temores. Pero si usted la acepta tal como es ella, tendrá una posibilidad de ayudarla.

"Si Wendy sigue siendo una niña asustada, sus temores serán más potentes que la voz de Campanita. Campanita permanecerá en segundo o en último plano, y no creo que usted quiera que suceda eso."

—Absolutamente no. Pero no estoy segura de lo que quiere hacer Campanita. Quizás ella tampoco ha crecido.

—Eso puede ser verdad, pero sin duda aprenderá rápidamente. Si Wendy aprende a aceptarse a sí misma, crecerá y dejará lugar a Campanita. Y Campanita encontrará el lugar.

—¿Por dónde empiezo?

—Precisamente en donde está.

16

Resolviendo sus necesidades
de dependencia

*"Fue extremadamente difícil admitir que mi
madre me usaba a menudo para escapar de sus
propias penas, y que mi padre no sabía decir
'Te amo'. Ahora que acepto eso, los he per-
donado. Es más fácil vivir conmigo misma."*

Una vez que una mujer ha aceptado a su Wendy —aunque todavía pueda sonreír y llamarla "pequeña tonta"—, su
siguiente paso es resolver sus necesidades de dependencia. Como recordarán del capítulo tres, hay necesidades de
comodidad, de seguridad y de pertenencia, cosas que un
niño espera de sus padres. Cuando esas necesidades no son
satisfechas, el pequeño puede experimentar temor al abandono. —En un adulto, ese temor, típicamente, se convierte
en temor al rechazo—.

De niña, una Wendy puede resolver su temor tratando de ser con su madre una hija perfecta. Esto puede
incluir ayudarla a hacer de madre al padre. Es entonces
cuando empieza a actuar la personalidad Wendy.

Una mujer que pone fin a su temor al abandono haciendo de madre del primer hombre que ama, vive en un grado y otro, en un estado de servidumbre hacia todos los hombres que puedan venir después. Si esto se aplica a usted, probablemente tendrá una opinión fijada de los hombres de su vida. Cada vez que empiece a interesarse por uno, experimenta un eco del temor al abandono, que la hace huir del amor adulto y ocultarse en el santuario de las actitudes maternales. No importa lo que quiera la adulta que hay dentro de usted, la niña temerosa la obligará a hacer cualquier cosa que sea necesaria para evitar la posibilidad de rechazo.

Si usted desea convertirse en una Campanita y disfrutar de la libertad de amar, tendrá que confrontar sus años de temor al rechazo. Tendrá que remontarse hasta su infancia, no para desenterrar recuerdos viejos e inútiles sino para dejar atrás el pasado, de una vez para siempre. La Wendy que hay dentro de usted debe borrarse del pasado, a fin de darle a su Campanita una oportunidad de vivir en el presente. Sin embargo, hacer que se borre se dice más fácil de lo que se hace. Hay muchos obstáculos que superar.

Cuando usted lucha para resolver el pasado, el mayor de esos obstáculos es la sensación de haber malgastado tanto tiempo. Hechos, momentos, lugares y fechas pasan por su mente. Usted no quiere volver a vivir toda su vida, sino nada más que unas pocas situaciones críticas. Ha podido tomar una decisión diferente, eliminando mucha de la agitación con la que ahora se ve obligada a vivir. Una mujer tuvo mucha dificultad para hacer cara a los "años desperdiciados".

"La parte más difícil es darse cuenta de que yo no aprendí de mis equivocaciones. Seguía haciendo la misma cosa una y otra vez, hombre tras hombre. Sabe usted, creo que hubiera podido hacer que mi primer matrimonio funcionara, si por lo menos hubiese sabido lo que sé hoy. Y los chicos no hubieran tenido que pasar por el dolor que pasaron. Eso no fué justo para ellos...traerlos al mundo en una familia donde ninguno de los padres había crecido."

Si comparte alguna porción de la pena de esta mujer, tendrá que adaptar su actitud a fin de que el remordimiento y la penitencia no se vuelvan un estilo de vida. Necesitará aprender una habilidad fundamental: cómo sentirse triste. Tenga cuidado antes de rechazar por simplista esta sugerencia. Es mucho más importante de lo que imagina.

La mayoría de las personas no se dan a ellas mismas el derecho de experimentar tristeza sin añadidos. Por añadidos quiero decir compasión, negación, venganza y otras emociones que pretendan mitigar el dolor. Comprender que las equivocaciones del pasado han sido repetidas innecesariamente, duele. Deje espacio para la tristeza en el círculo de sillas mentales. Cuando se siente en esa silla, llore y siéntase mal. Eso es todo lo que hay que hacer. Si usted no le da a la tristeza un lugar propio, se condenará a repetir las equivocaciones nuevamente y a desperdiciar más su tiempo.

Una vez que sepa cómo sentirse triste, las viejas heridas empezarán a sanar y dedicará menos tiempo a sentirse triste. Tendrá más energía para otras actividades apuntadas a resolver necesidades de dependencia. Es entonces cuando otro gran obstáculo puede parecer que surge de ninguna parte y amenaza con consumir su cólera.

Cuando la Wendy que existe dentro de usted empiece a crecer, desencadenará sentimientos negativos que pudieron estar reprimidos durante décadas. Estallidos de mal genio aparentemente no relacionados pueden llenarle la cabeza. Las voces de la cólera pueden superponerse y ahogarse unas a otras. Individualmente, pueden sonar más o menos así:

"Te odio, mamá. Dejaste que papá te dominara. Tú fuiste una esclava para él. Justamente cuando yo necesitaba que me enseñaras a ser una persona adulta, tú actuabas como una sirvienta asustada. Y me enseñaste a hacer lo mismo".

"Maldito seas, papá. Eras tan egocéntrico que no podías venir a abrazarme. Tú estabas siempre primero. Me hacías sentir como si algo anduviera mal en mí, y todo el tiempo eras tú. No fuiste suficientemente hombre para amar a tu esposa y tus hijos con tu corazón. Trataste de hacerlo con tu billetera. Pero lo peor de todo, nunca decías que me amabas. Por eso, más que por cualquier cosa, te odio."

La cólera es más fácil de comprender si usted la reconoce como la voz de una niña que lucha contra el miedo al abandono, y trata de recuperar un sentimiento de valor en sí misma. (Recuerde que la cólera habitualmente es considerada como el reverso del temor.) Le da una voz y la clarifica, la cólera puede realmente ser una ayuda indispensable en la resolución de sus necesidades de dependencia. A menos que legitime su cólera y la vea en la perspectiva adecuada, quizá nunca pueda resolver el dilema de Wendy.

La cólera puede indicarle la dirección que debe seguir para lograr un cambio. Pero debe hacer más que dejarla salir a la superficie cada vez que la siente. Cuando le dé voz a la cólera, anótelo en una hoja de papel y pase a su sillón de Campanita, dejando el papel en el sillón de la cólera. Entonces, desde su posición de Campanita, respondala con sugerencias para cambiar la situación.

He ayudado a incontables mujeres a que dieran rienda suelta a su cólera. Sin embargo, después de la catarsis, siempre las desafío: "¿Qué va a hacer al respecto?". Desde ese punto, hay generalmente dos opciones, dependiendo ambas de si los padres de la mujer viven todavía o ya han fallecido. Antes de discutir la estrategias para esas dos opciones debemos primero hablar acerca de la técnica general a ser empleada cualesquiera sean las circunstancias: hacerse sentir plenamente, o sea, autoafirmarse.

Se trata de la conducta verbal exhibida con el propósito de declarar los pensamientos o sentimientos de uno, de modo que puedan ser entendidos y/o asimilados por otra persona. Un estudio reciente ha revelado cinco grados importantes en la escala de autoafirmación y, por medio de una técnica estadística llamada análisis de factor, se ha podido reducir centenares de conductas autoafirmativas al número más bajo posible. El estudio permite llegar a la conclusión de que casi la mitad de todas las conductas autoafirmativas entran en dos grandes categorías: primero, la capacidad de afirmar y defender los derechos de uno en lugares públicos; y segundo, acercarse a personas con quien no se tiene intimidad. Cuando una mujer desea resolver el temor y la cólera hacia sus padres, pero no tiene intimidad con ellos por lo cual entra en contacto con un sujeto nuevo, su autoafirmación entra en la segunda categoría.

Investigaciones posteriores sobre la autoafirmación sugieren que cuando una persona se aproxima por primera vez a un área desconocida, corre un riesgo. El riesgo supone ansiedad, y la mejor manera de reducir es dar un paso a la vez, afrontando los problemas más sencillos antes de avanzar hacia los más difíciles.

La deducción de esta información es que, cuando usted apunta a resolver sus necesidades de dependencia, puede reducir su riesgo y su ansiedad si primero se afirma usted misma en una situación con menos connotaciones emocionales que con sus padres. Por lo tanto, puede desear precalentarse para una confrontación con sus padres, afirmándose en la primera de las dos categorías mencionadas más arriba. En resumen, confrontar a un vendedor o a un empleado de tienda antes de hacerlo con su padre o su madre. Encontrará sugerencias para ese precalentamiento en el capítulo 18, *Practicando la respuesta de Campanita.*

Por más que se prepare, al confrontar a sus padres experimentará temor. Si el que usted hubiera querido confrontar ha muerto, tendrá que usar la técnica de psicodrama. Para ello, usted necesitará la ayuda de un amigo o consejero; representar un recuerdo emocional es demasiado complicado para ser realizado sin ayuda.

Digamos, por ejemplo, que usted desea discutir con su padre difunto la falta de calidez de él.

Primero, anote algunas de las cosas que recuerde haberle oído decir. Proyecte la clase de cosas que él hubiera podido decir acerca de usted, consultando a su madre u otro pariente vivo que haya conocido bien a su padre. Anote también esas cosas. Ponga esas cosas en una silla frente a usted. Si tiene un amigo que pueda ayudarla, explíquele lo que usted quiere que él o ella hagan; es decir, representar la parte de su padre (o madre) leyendo las anotaciones. Hablar con su amigo acerca de su padre puede ayudarlo a representar el papel con más realismo. Si elige un consejero, asegúrese de que él o ella entiendan los elementos del psicodrama.

A continuación, exprese su preocupación, su pregunto o su queja más importante en lenguaje claro e inequívoco. Anótelo si eso puede ayudar. Dígalo en voz alta varias veces antes de la representación. Use este procedimiento como precalentamiento.

Empiece la representación expresando su preocupación. La otra parte tiene que usar el guión que usted ha preparado como guía para responder, pero sintiéndose libre de añadir cosas a su placer dentro de los límites establecidos por el texto.

Es así como podría sonar una típica conversación psicodramática:

USTED: Quiero saber por qué no me decías que me amabas.

AMIGO-PADRE: Tú ya sabías que yo te amaba.

USTED: ¿Pero por qué nunca me lo demostrabas o decías?

AMIGO-PADRE: Yo creí que tú lo sabías. Le decía a tu madre lo mucho que tú significabas para mí.

USTED: Pero tú no me lo decías. Eso me dolía mucho.

AMIGO-PADRE: Tenía muchas cosas en la mente. En realidad, no deberías quejarte. Siempre tuviste todo lo que quisiste.

USTED: Excepto un padre.

No fuerce la conversación. No es necesario llegar a resoluciones extremas. Basta con que tenga una oportunidad de expresar sus preocupaciones, dentro de los restringidos límites disponibles en el procedimiento psicodramático. Recuerde que la resolución definitiva ocurrirá dentro de su cabeza, tanto si sus padres están vivos o no. Esa es la lección más importante que aprender de este ejercicio.

Si el padre a ser confrontado está vivo, el encuentro contiene muchas más promesas y más ansiedad. Una confrontación personal la pondrá cara a cara con su temor al rechazo y su sentimiento de inferioridad. Usted querrá huir o encontrar excusas para evitar la escena.

Puede prepararse para la confrontación y reducir algunos de sus temores, realizando un psicodrama anticipado. Siga el mismo procedimiento usado si su padre ha muerto. No necesita forzosamente un confidente para ayudarla en la sesión de práctica. Su guión escrito es toda la ayuda que necesitará.

Encontrar el momento y el lugar adecuados para el encuentro es otro desafío. Más allá de que asegure intimidad, no hay un momento perfecto. A excepción de una mujer que trató de hacerlo por teléfono —y fracasó—, todas las mujeres con las que he tratado realizaron la confrontación en una situación de uno contra uno.

He aquí algunos ejemplos de cómo estas mujeres han discutido con sus padres acerca de necesidades no resueltas de dependencia.

Después de la cena de Acción de Gracias, cuando las dos estaban solas en la cocina, Diane, advirtiendo que su madre estaba relajada y accesible, dijo:

—Mamá, siempre tuve la sensación de que yo me interponía entre tú y papá.

La madre pareció sorprendida y replicó:

—¿Cómo pudiste pensar semejante cosa?

Diane no prestó mucha atención a lo que dijo su madre. Estaba nerviosa, de modo que siguió hablando.

—Cuando yo tenía un problema, tú parecías no tomarlo en cuenta. Una vez, un muchacho me asustó mucho después de la escuela. Cuando te lo conté, tú dijiste: "No seas niña. Defiéndete sola." Pero yo no sabía cómo hacerlo. Quise decirte que él era malo, pero tú hiciste que pareciera como si yo hubiese hecho algo malo. Quise decírselo a papá, pero oí que tú se lo contabas y que ambos os reíais. Eso me dolió mucho.

La madre de Diane respondió como había previsto Diane. Cargó ella con la culpa, lamentándose de que siempre había tratado de hacer lo mejor, pero que eso no debió de ser suficiente. Al principio, Diane se sintió culpable por haber mencionado el tema. Pero al día siguiente, se dio cuenta de que la madre siempre usaba la rutina de mártir para acallar las críticas; era, simplemente, su estilo. Aunque la confrontación no cambió a su madre, le dio a Diane una dosis adicional de confianza en sí misma. Al encontrarse su madre, había confrontado su propia inseguridad para comprobar que no era ese problema exclusivo de ella. Su madre era más insegura de lo que Diane lo había sido jamás.

Victoria iba a llevar a su padre a almorzar al restaurante favorito de él, hasta que yo le sugerí que fuera a un lugar donde ella se sintiera más cómoda. Así lo hizo. Se preparó para la confrontación, hablando de uno de los temas preferidos de su padre: la nieta. Le agradeció que prestara tanta atención a la niña, y después añadió:

—Sabes, a veces me pongo celosa por la forma en que abrazas a Cindy y la subes a tu regazo. Yo hubiera dado cualquier cosa para que hicieras eso conmigo. —Había planeado detenerse en este punto y así lo hizo.

El padre pareció ponerse nervioso. Enrojeció y tartamudeó cuando trató de hablar.

—Yo te tomaba en brazos cuando eras pequeña. Casi todas las noches te sentabas en mi regazo.

El tono de disculpa del padre alentó a Victoria.

—Pero dejaste de hacerlo. De pronto dejaste de hacerlo. Me tratabas como si yo tuviera una enfermedad. Eso dolió mucho. Nunca entendí por qué.

El hizo todo lo posible por explicarse.

—Bueno, tú empezaste a convertirte en una señorita. Y, bueno, pensé que era hora de que crecieras. Ya no eras la nena de papá. Sabes... estabas creciendo.

Victoria sintió fastidio.

—De modo que tú decidiste que yo no necesitaba más tu amor. Es una cosa fea hacerle eso a una niña.

—Pero tú ya no eras pequeña, no eras una niña.

—Yo creía serlo. ¿Alguna vez pensaste en mí y en lo que yo necesitaba?

—Vicky, cuando una muchachita empieza a "relle-narse", es hora de que el padre se eche atrás. Ella debe convertirse en una señorita y encontrar un hombre.

Le llevó veintisiete años, pero por fin se encendió una luz dentro de la cabeza de Victoria. Permaneció callada y pensó para sí misma: "Yo estaba 'rellenándome'...claro. Mi pubertad llegó temprano. El vio que mi cuerpo se desarrollaba y se apartó. ¡Se asustó!".

Victoria pensó en la confrontación varios días. Le era difícil aceptar que su padre había sentido cierta respuesta sexual cuando veía que su hija se hacía mujer. La sensación lo había asustado. El pensamiento avergonzó a Victoria. Pero mientras más pensó en ello, más simpatía sintio por su padre. El no era capaz de entender sus propios sentimientos, y su educación antigua y tradicional lo había condicionado. El huyó de una reacción natural, pensando de sí mismo que era probablemente un pervertido. En la ansiedad que siguió, nunca pensó que provocaba esa actitud en su hija. Nunca consideró la posibilidad de conversarlo con su esposa y de encontrar el mejor modo de explicar sus sentimientos. Si él hubiera podido aceptar su reacción, hubiese podido superarla a fin de continuar abrazando a su hija. Al comprender el pánico y la conmoción por los que había pasado su padre, Victoria tuvo una visión enteramente nueva de sus antiguos sentimientos.

Peg era una alma valerosa. Decidió encontrarse con sus dos padres al mismo tiempo. De acuerdo con su evaluación, algo del calor de la situación disminuiría debido a que sus padres tendrían cuidado de lo que decían el uno delante del otro.

Cada vez que consideró una forma sutil de iniciar la conversación, terminó confundida. De modo que, después de escribir lo que quería decir, se invitó a sí misma a la casa de ellos, se sentó en la sala de estar y, sencillamente, empezó a leer el pequeño descurso.

"Toda mi vida me he sentido inferior, y creo que en la mayor parte es culpa de vosotros. Los dos me poníais en el medio y me usabais para no tener que afrontar vuestros problemas. Mamá, tú siempre me decías que papá no podía expresar sus sentimientos, pero que él quería que yo supiese que me amaba. ¿Por qué demonios tú lo defendías de ese modo?"

"Papá, tú siempre encontrabas excusas para mí cuando yo actuaba como una bruja hacia mamá. Me dabas dinero a escondidas cuando mamá no quería. Dejabas que mis travesuras no fueran descubiertas, y cuando estabas en presencia de tus amigos, me llamabas 'tu princesita especial'. Yo no era especial para ti; yo era una cosita que tenías que exhibir cuando querías pasar por bueno."

Cuando terminó, Peg prácticamente gritaba. Tenía las manos mojadas, respiraba en forma superficial y se sentía ebria de poder, de temor, de culpa, todo mezclado. Nada que ellos pudieran decir podría empeorar las cosas para ella. Pero, ciertamente, no estaba preparada para lo que escuchó.

Su padre, nada menos, habló con firmeza.

—Probablemente tienes razón en todo lo que has dicho. Tu madre y yo hablamos de divorciarnos, pero después de tantos años, no queremos empezar todo otra vez. Estamos viendo a un consejero matrimonial para ver si podemos solucionar algo. Ibamos a decírtelo cuando tuviésemos el coraje necesario. Todo lo que ahora podemos decir, es que lo sentimos mucho. —La madre asintió, expresando que estaba de acuerdo con su marido.

Peg empezó a reír tontamente. Fue terriblemente incorrecto, pero de pronto su ansiedad se convirtió en histeria. Las palabras de su padre resonaban dentro de su cabeza "Cuando tuviésemos el coraje." Peg no podía creer que sus padres estuvieran tan atemorizados. Empezó a llorar. Las murallas de los malos entendidos se derrumbaron; ella corrió a abrazarlos y se disculpó por sus hirientes acusaciones. Tres seres humanos, con lágrimas rodándoles por las mejillas, se abrazaron como si el tocarse fuera esencial para su supervivencia.

La experiencia de cada mujer proporciona una lección adicional. Diane aprendió que podía conseguir una perspectiva nueva de su vida sin que su madre oyera parte alguna de una confrontación. Peg hubiese podido ahorrarse mucha conmoción si hubiera hablado antes a sus padres. Su historia sugiere que los padres pueden sentirse igualmente mal, o peor que usted.

La historia de Victoria demuestra una excepción a la regla general; es decir, su temor al rechazo se desarrolló más tarde en su vida, en o cerca de la pubertad. Su padre interpretó mal su propia reacción sexual ante su hija. En vez de resolverla mediante conversaciones confidenciales, decidió apartar a Victoria de su lado, justificándolo con sus anticuadas ideas machistas. Victoria vio eso como un rechazo que de alguna manera tenía que ver con que ella se hiciera más mayor. Puesto que el rechazo ocurrió después que ella hubiera experimentado algo de ternura y afecto de su padre, la Wendy de Victoria era más madura que la mayoría. Su voz de inferioridad era más débil que lo habitual, dándole una mayor posibilidad de escapar de la trampa.

Quince años de experiencia clínica me han dado otra visión del proceso de resolución. Es decir, que la mayoría de las mujeres se sienten compelidas a confrontar a sus madres acerca de una variedad de temas: educación de hijos, sexo, culpa, y grandes expectativas, por nombrar unos pocos. La pobre madre parece soportar el mayor peso cuando se trata de resolver necesidades de dependencia. Pero ¿y papá? ¿El no tuvo influencia en su educación? El hecho de que estuviese en un segundo plano, no lo libera de la responsabilidad. En realidad, puede suceder que la negativa o la incapacidad de él para unirse en sociedad con su madre para criarla a usted, contribuyeran a sus no resueltas necesidades de dependencia más que cualquier cosa que su madre hubiera hecho o dejado de hacer. Por lo tanto, si piensa confrontar a sus padres en un intento de dejar en paz el pasado, tenga presente que el encuentro entre usted y su padre puede ser más importante —y más difícil— que el encuentro con su madre.

Diane, Peg y Victoria encontraron cada una un significado especial en su confrontación. Obviamente, no todos los encuentros tienen una resolución positiva. Con mucha frecuencia, lo mejor que sucede es que la mujer supera su temor al rechazo y su sentimiento de inferioridad lo suficiente para creer que tiene el derecho de confrontar a sus padres. Por eso, muchas mujeres desentierran viejos recuerdos, ensayan las palabras del encuentro, eligen el momento y el lugar y se sienten bien al tener el coraje de considerar la necesidad de una confrontación.

Hay maneras de controlar la influencia de necesidades de dependencia no resueltas sin tener que llegar a una confrontación total. Si sus padres han muerto y usted no encuentra alivio en la técnica del psicodrama, o si ellos viven y usted no desea confrontarlos, he aquí sugerencias para evitar conscientemente las respuestas de Wendy.

DIARIO DE GUIONES "MATERNALES"

Si sabe que una confrontación con sus padres sólo causaría más daño que beneficio, piense en llevar un diario de guiones "maternales". Cada vez que hable con sus padres, sea personalmente o por teléfono, tome notas después de la conversación. Escuche atentamente las cosas que le dice su madre, o su padre que representen una respuesta de Wendy. Anote ejemplos de negación, exceso de protección, posesión, quejas, martirio y castigo. Repase ese diario de vez en cuando, buscando verbalizaciones que pudieran haberse deslizado en sus relaciones con otros adultos. Este método la ayuda a identificar sus respuestas de Wendy, revisando las comunicaciones actuales entre usted y la persona que puede haberle enseñado a hacer de madre de su pareja.

REALINEAMIENTO DE LA CAPACIDAD COMO MADRE

Use la misma técnica general para evaluar su capacidad para educar a sus hijos —si es aplicable—. Hágase estas preguntas: ¿Uso la culpa cuando trato de corregir a mis hijos? ¿Cómo puedes lastimarme de este modo? ¿Me quejo continuamente sin ninguna otra explicación? ¿Paso por alto conductas merecedoras de castigo, diciendo cosas como: "Bueno, es así como son los chicos de hoy". ¿Soy exagerada al proteger o juzgar a mis hijos?

Las respuestas afirmativas sugieren que su inapropiado guión de actitudes maternales ha invadido áreas en las que su capacidad de madre es realmente importante. Usando técnicas disciplinarias racionales, usted puede recordar que debe separar el ser la madre de sus hijos de ser la madre de su compañero.

EXTINCION

Martha, una joven emprendedora, no quería saber nada de confrontaciones o diarios. Ella creía que podría superar sus necesidades de dependencia si su madre solamente cesaba de tratarla como a una niña. El pasado no sólo no estaba muerto, sino que, además, era recreado varias veces por semana.

Por lo tanto, la mujer preparó un programa sencillo pero efectivo que nosotros llamaremos "extinción". Ella ignoraba altivamente a su madre cada vez qué se comportaba de forma sobreprotectora, o excesivamente juzgadora o autosacrificada. Cuando su madre decía, "Querida, recuerda decirle a Mack (el marido) que quieres salir a cenar para tu cumpleaños", Martha, sencillamente, la ignoraba, diciendo: "Sabes, mamá, que me gustaría una blusa nueva para mi cumpleaños, ¿Podrías regalarme una?". Este cambio brusco de tema, completado con una pregunta sugerente, tendía a extinguir la bien intencionada intromisión de la madre. Cuando Martha respondió de manera similar en otras instancias parecidas, la madre finalmente captó la idea y eliminó gran parte de su conducta ofensiva.

Cuando la mujer Wendy pone el pasado en la memoria inactiva, puede encontrarse confrontando a otras figuras maternales de su vida. Una supervisora, la presidenta de un grupo social, y la dirigente de una organización de caridad, pueden representar un renovado desafío para una Campanita en entrenamiento. Una mujer comprobó que era incapaz de aceptar la responsabilidad de su propia vida hasta que se enfrentó con su suegra.

"Había resuelto mi dependencia con mi madre y mi padre sólo para quedar enfrentada a mi suegra. Yo había tranferido a ella muchos de mis sentimientos de inseguridad. Le permitía que interfiriera en mi vida, porque temía su desaprobación. Cuando me di cuenta de lo que estaba haciendo, pude ponerle fin. Puedo añadir que con ella fue mucho más fácil que con mi madre.

"Todo empezó cuando mi mejor amiga me contó que mi suegra había estado interrogándola acerca de mis problemas conyugales. Bueno, llamé a la "madre querida" y le dije que mi situación conyugal era entre yo y mi marido y que no me gustaba que ella hablase de eso con mi mejor amiga."

"Ella, por supuesto, no me escuchó, y empezó a echarme un sermón sobre cómo debía cuidar a su hijo. De modo que yo, con voz serena, la interrumpí y le dije, lo más amablemente posible, que si ella no me escuchaba a mí, yo cortaría la comunicación. Ella siguió con su sermón, de modo que yo colgué inmediatamente. Sabía que tenía razón para proceder así.

"A propósito, la próxima vez que hablamos, ella se mostró amable, si bien un poquito distante. Los niños hasta dijeron: 'Mamá, algo le pasa a la abuela. Hoy estaba agradable."

Hay muchos caminos para resolver las necesidades de amor, de pertenencia y de consuelo de sus padres. Y como ilustra este último caso, más o menos cuando usted cree que tiene todo bajo control, su inferioridad tiene tendencia a aparecer por algún otro lado. No es errado decir que, después de haber sido reprimida durante muchos años, Wendy no puede crecer de la noche a la mañana.

Wendy no dejará irse al pasado hasta que concluya su búsqueda. Con los iconos de la madurez a su alrededor, es un desafío recordar que Wendy es nada más que una niñita asustada que vaga dentro de su mente, buscando algo que perdió.

Si usted sienta a su Wendy en una silla y le pregunta qué está buscando, ella probablemente hablará en clave. "No lo sé. Algo. No un algo costoso, pero algo que es muy importante para mí. Como mi osito...yo lo llamaba *Fu-fu*, o mi muñeca de trapo, *Ann*. Pero ninguno de ellos existe ahora. No sé lo que es, pero existe y yo lo he perdido."

Aquellas que comparten esta búsqueda, tratan de expulsar a Wendy de sus vidas. Hacen lo posible por negar la existencia de su búsqueda infantil o reprimir su deseo. Cuando están en sus casas, tratan de poner a Wendy en un compartimento remoto de sus mentes, le dicen que se quede callada, y despúes interactúan con los otros adultos en conversaciones de "mayores". Usted habla con sus padres de matrimonio, hijos, carreras y amigos. Evita cuidadosamente los temas cargados de emotividad. Si surge uno, resulta incómodo. Cuando se aleja del encuentro, puede oír el insistente susurro de Wendy: "Déjame salir, por favor. Quiero buscar a mi osito desaparecido."

Si Wendy va a crecer, usted debe ayudarla en la búsqueda. Quizás ella necesita descubrir nuevas formas de reacionar a la antigua forma de siempre en que sus padres hacen las cosas; quizás es algo todavía más profundo.

Usted nunca descubrirá lo que Wendy necesita hasta que la ayude a realizar un viaje hacia atrás en el tiempo. Use todos sus recursos mentales para ayudarla en este viaje. Será una aventura semejante a la huida de Wendy a la Tierra de Nunca Jamás. Pero a diferencia de Wendy, usted reconocerá que está en una misión especial. Regresará cuando encuentre lo que está buscando. Una mujer encontró el significado de lo que buscaba, pero una vez que lo encontró, se dio cuenta de que no lo necesitaba.

"Yo estaba decepcionada por la cólera y la decepción en contra de mi madre. Una vez que hablé con ella, no pude sentir nada más que compasión hacia ella. Ella es una mujer muy triste, que nunca supo lo que era ser amada de veras."

"Siempre sentí pena por mi padre. Una vez que hablamos, me di cuenta de que era un hombre muy débil. Hubiera dado cualquier cosa para que él me abrazara y me dijera que me amaba. Cuando por fin comprendí que él jamás sería capaz de hacer eso, creo que lloré durante dos días."

Esta mujer había pasado treinta años de su vida esperando que su padre le dijera que la amaba. Una cosa tan sencilla. Recordaba haberla oído de labios de su madre, pero eso no era suficiente. Ella quería oírsela a su padre. Nunca lo consiguió. Cuando aceptó el hecho de que no era culpa de ella el que no la hubiera oído nunca, fue libre. Una vez libre, no necesitó oírla, por lo menos no de labios de él.

Esta mujer quería oír "te amo" de labios del hombre de su vida: no de una figura paternal, sino de un hombre adulto. No sabía si él era capaz de decirlo y de demostrarle que lo decía con sinceridad, pero estaba decidida a averiguarlo. Finalmente, silenció la voz de la inferioridad y comprendió que ella se merecía oír "te amo". No iba hacer más de madre de él, fingiendo que si lo complacía, él ocuparía el lugar de su padre. Esta mujer arrojó a un lado la manta de seguridad de su infancia y fue a buscar el amor y la pertenencia en el mundo real. Esa fue su única oportunidad de dejar de vivir en el pasado y de encontrar un objeto de amor que fuera una persona adulta, en vez de un osito de felpa. Como se amaba a sí misma, no tenía ninguna duda de que lo encontraría.

17

Amar, no hacer de madre

"Quiero cesar de hacer de madre y empezar a ser su esposa. Tengo muchos años por delante y quiero pasarlos con el hombre que amo."

Después de veinticinco años, esta mujer todavía tiene la esperanza de que en su vida habrá más amor. Aunque lamenta estar atrapada en el dilema de Wendy, no se avergüenza de admitirlo.

"Sin duda yo hice de madre. Fue la más grande equivocación de mi vida. La primera vez que él vino a mí, hace veinticinco años, y empezó a gimotear acerca de su madre, yo debí darle un puntapié en el trasero y decirle que creciera y eligiera entre su madre o yo. Y aferrarme a mi posición".

La chispa de energía que promete un nuevo día y una nueva forma de amar, es evidente en los suaves reproches que se hace a sí misma esta mujer. Igualmente lo es su sentido del humor. No se toma ella misma demasiado en serio. Es una mujer inteligente. Una actitud positiva es vital para

175

superar las respuestas de Wendy y convertirse en una Campanita. La risa ayuda a relajarse, a respirar un poco más hondo, a recobrar el sentido racional un poco más rápidamente, y a considerar una nueva alternativa a un problema viejo.

Cuando busque cambios y alternativas para la acción, tenga presente lecciones aprendidas por otras mujeres.

"Yo casi me obligaba a pensar solamente en las cosas horribles que él me había hecho. Eso me hacía sentirme menos culpable cuando pensaba en abandonarlo. Pero no era justo. El no siempre era un hombre cruel. En realidad, había, y todavía hay, ocasiones en que puede ser bueno y gentil. Eso hace que mi cólera me confunda todavía más. Afrontemos el hecho, yo no estaría todavía con él si no hubiese seguido sus estados de humor. Parcialmente, soy también culpable."

Otra mujer me confió que no hubiera tenido dificultad para decidir qué hacer con su relación si su compañero hubiera sido agresivo. Pero el hecho de que él tuviera una cualidad de niño y una actitud mohína, la hacía sentirse mal cuando pensaba en el divorcio.

No es posible volverse una Campanita en un vacío. Hay muchas personas en su vida, muchas de las cuales pueden estimular el temor al rechazo. Este capítulo enfoca su relación con un hombre, aunque usted lo vea sólo ocasionalmente. Cuando cesa de hacer de madre y empieza a amar, puede ser acusada de egocéntrica o, simplemente, de usar a un hombre como cobaya. He aquí cómo una mujer joven, que trabajaba para convertirse en una Campanita, respondió a esas críticas.

"Claro que soy egocéntrica. Voy a comenzar a hacer las mejores cosas que pueda para mí, y eso incluye no ser madre de nadie. Tengo que aprender algunas cosas acerca de ser una persona cabal, y ello puede costarme cierto tiempo y algunas experiencias diferentes. Y eso puede significar muchos hombres diferentes. En cuanto a usarlos, sí, si usted es un pesimista recalcitrante podría verlo de ese modo. Yo prefiero creer que estoy usándome a mí misma para crecer, tal como debería hacer el hombre."

176

"La otra noche conocí a este tipo y fuimos a cenar y después decidimos ir a mi apartamento. El me excitó y yo lo deseé. Era un tipo agradable y decidí que podía confiar en él. De modo que fui sincera. Le dije que yo estaba usando la experiencia de esa noche para ver cómo me sentía siendo la agresora sexual. Hicimos el amor, lo pasamos muy bien y después hablamos de cómo hombres y mujeres sienten temor a ser sinceros. Este fin de semana volveré a verlo."

Puesto que aprender a amar es un proceso que dura toda la vida, usted debería estar preparada para muchas experiencias vitales cuando salga de la trampa de Wendy. Todas tienen esa chispa de energía de Campanita en algún lugar. Pueden usarla para superar los temores, correr algunos riesgos y apartarse de una vida de estancamiento y tedio.

EL GUION DE AMOR ADULTO

Si los mensajes anteriores avivan la esperanza interior y le infunden deseos de aprender a amar y a no ser madres, necesitará un lugar por donde comenzar. A diferencia del guión para el papel maternal, el guión de amor adulto, si se usa correctamente, puede enseñarle a prescindir de todos los guiones psicológicos. Es un guión que enseña a desarrollar sus propias líneas, en vez de memorizar las palabras o los pensamientos de otros.

Cuando usted ama a alguien, no existe un guión que le diga cómo tiene qu expresar ese amor. Sin duda tenemos esperanzas de cómo queremos que se desarrolle nuestra vida amorosa. Pero si estamos sinceramente enamorados, no debería haber necesidad de exigir que el compañero se ajuste a expectativas precisamente definidas. Aprender a amar de una forma adulta es aprender a dejar atrás expectativas, reglas, exigencias e imperativos. Aprendemos a tomar lo que podamos de la forma que nos sea dado.

Hay, sin embargo, ciertos atributos que, en un sentido objetivo, hacen productiva una relación amorosa. Esos

atributos comprenden el guión de amor adulto. Ese guión
la ayudará a cesar de hacer de madre y sí a amar a su compañero. He aquí un breve esbozo de los componentes del
guión de amor adulto.

Dar y recibir	Los amantes saben cómo comprometerse sin compasión o arrepentimiento, y ocasionalmente hacen concesiones con una fuerte creencia en que la otra retribuirá en especies.
Tolerancia y empatía	Los amantes soportarán incomodidades y hasta dolor porque sienten empatía hacia sus compañeros.
Dependencia	Los amantes dependen uno del otro. Saben que si todo lo demás fracasa, el ser amado estará allí para hacer todo lo que pueda para ayudar.
Desarrollo personal	Los amantes nunca olvidan que son individuos con necesidades diferentes. Cada uno es libre de buscar su desarrollo personal en áreas de carrera, educación, pasatiempos y amistades.
Compartir	Los amantes comparten libremente sus pensamientos, opiniones, sentimientos y perspectivas de la vida. No hay juicios sobre personas, sólo sobre hechos.
Realismo	Los amantes aceptan que, ocasionalmente, su vida amorosa puede no andar bien. No intentan resolver todos los conflictos y desacuerdos. Algunos conflictos menores pueden ser ignorados, una vez que esté claro que las discusiones no llevan a ninguna parte.
Intimidad	Los amantes se tocan, se abrazan, se besan, se toman de las manos, y expresan libremente

los placeres eróticos el uno al otro. Dentro de esa intimidad, hay abundante lugar para jugar y retozar.

El factor X   Los amantes reconocen que hay entre ellos un vínculo tácito. Es un sentimiento especial de cercanía, y es enefable e indefinible; por eso se llama factor X.

El guión de amor adulto la ayuda a aprender a aceptar la responsabilidad solamente de sus fuerzas y debilidades. Con el mismo, puede aprender a dejar de asumir la responsabilidad de los problemas de su compañero y empezar a trabajar en los suyos. A medida que practica siguiendo el guión de amor adulto, deja de decirse cosas como: "¿Qué puedo hacer yo para que él cambie?". El guión de amor adulto responde: "Nada."

Este guión promueve una resolución del síndrome de Peter Pan y del dilema de Wendy. A través del mismo, puede aprender a amar de una forma adulta. El guión de amor adulto le enseña a fusionar las habilidades de su cabeza con los sentimientos de su corazón. La intruduce a una era nueva de amor, en la cual será libre de expresar su vulnerabilidad sin huir de sus temores. Advertencia: Si emplea el guión de amor adulto en su camino a convertirse en una Campanita, usted, por definición, no tratará de hacer cambiar a su compañero. Dése por advertida: el amor adulto es condicional. Por lo tanto, si tarde o temprano él empieza a expresar su amor por usted de la forma como usted desea, o si se niega a participar con usted en el aprendizaje del guión del amor adulto, existen razones para creer que, al final, usted lo abandonará.

En el resto de este capítulo, aprenderá a llevar a cabo los componentes del guión de amor adulto con el hombre de su vida, y al hacerlo, a resolver el dilema de Wendy. Eso significa que tendrá que reemplazar sus respuestas de Wendy por rasgos de amor adulto. En aras de la claridad, he unido atributos de amor adulto con respuestas de Wendy, sugiriendo que un rasgo específico de amor adulto puede tener impacto especial en una respuesta de Wendy. Por lo tanto, si usted está preocupada por su negativa, encontrará ayuda en la sección que explica cómo añadir realismo a su relación. Si el juzgar es una debilidad, deberá mejorar el compartir de sus opiniones y sentimientos.

Respuesta de Wendy	Rasgo de amor adulto
Martirio	Dar y tomar
Castigo	Tolerancia y empatía
Exceso de protección	Dependencia
Posesión	Desarrollo personal
Juzgamiento	Compartir
Negación	Realismo
Quejas	Intimidad
Tocar fondo	El factor X

Obviamente, esas correspondencias no son exclusivas. Todos los rasgos del amor adulto la ayudarán a cambiar todas sus respuestas de Wendy.

Dar y Tomar

Mi teoría es que la naturaleza nos da un corazón y una cabeza, diseñados más para dar amor que para recibirlo. Dar amor viene naturalmente; aceptarlo requiere trabajo. Por eso es tan triste que las personas no se permitan a sí mismas hacer lo que les viene tan naturalmente...Dar amor.

Muchas personas son lentas para dar amor porque temen los riesgos que ello implica. Cuando damos amor, nosotros debemos bajar nuestras defensas y abrir nuestros corazones. De ese modo, nos damos a nosotros mismos la oportunidad de ser amados en retribución. Sin embargo, también nos abrimos al desencanto y la desaprobación. El estado de vulnerabilidad que acompaña al hecho de amar puede ser temible, especialmente para quienes tienen, como resabios de días más jóvenes, temor al rechazo. Una vez que uno sabe cómo sufrir y recuperarse, es más fácil ser vulnerable y correr el riesgo de ser lastimado.

Dar y tomar, como parte del guión del amor adulto, ayuda a una persona a abrirse de modo que no sólo pueda salir el amor, sino que también pueda entrar el amor de otro. Como ya he sugerido, dar y tomar es especialmente aplicable a una Wendy que suele hacer de mártir. Las mártires son maravillosas para dar amor pero ni de cerca tan buenas para tomarlo. Escuchemos a una mujer que solía dar amor continuamente, pero que presentaba escudos para que el amor no pudiese llegar a ella.

"Recibir amor me hacía sentirme culpable. Recuerdo haber dicho que no lo merecía. Yo trataba de encontrar defectos en el amor de mi marido, diciendo que él no lo hacía bien...cualquier cosa para mantener al amor lejos de mi corazón. Sin embargo, interiormente, rogaba por él. Sólo que pensaba que yo no era lo suficientemente buena. ¿Sabe lo que me hizo empezar a cambiar? Oh, fue una cosa pequeña, pero lo suficientemente grande para mí. Empecé a decir "gracias" cuando la gente me hacía un cumplido. No me sentía toda avergonzada como solía sentirme antes y no empezaba a decir que algo estaba mal en mí. Me limitaba a sonreír y dar las gracias. Al principio me sentía rara, pero fue un buen comienzo."

"Empecé a decirles gracias a mis amigos, después a desconocidos. Una vez, cuando mi marido me oyó decirlo, más tarde me preguntó si me sentía bien. El había percibido la diferencia, pero no sabía qué era. Entonces yo le expliqué y le pedí que empezara a hacerme cumplidos otra vez. El había dejado de hacerlo porque no le gustaba oírme cuando yo me rebajaba a mí misma. Ahora le di las gracias. Me hizo sentirme muy bien."

El simple hecho de permitir que un cumplido pase las barreras de protección, puede conducir rápidamente a mucho más. Usted se sentirá tan bien que querrá más. Es entonces cuando el espíritu de amar la alentará a pedirle a su compañero que le haga cumplidos.

He aquí como Meghan (ver capítulo 12), que de granos de arena, hacía montañas, culpándose de todo lo que salía mal, dio un paso pequeño hacia la aceptación del amor de su compañero.

"Nunca dejaba que Patrick hiciera nada en la casa porque estaba convencida de que él nunca podría hacerlo bien. Cuando me percaté de que yo usaba mi impecable casa como símbolo de martirio, di un paso pequeño: le pedí que me ayudara a fregar el suelo. Su reacción me sorprendió. El dijo, 'Desde luego'. Y todo ese tiempo yo había estado quejándome de que él nunca me ayudaba en la casa. Había estado tan ocupada sintiendo lástima de mí misma que nunca se lo había pedido. A veces, los hombres están muy dispuestos a ayudar. Sólo hay que pedírselo."

No todos los hombres reaccionan con la complacencia y la presteza de Patrick. Muchos hombres, especialmente aquellos que prefieren vivir en la Tierra de Nunca Jamás, asumen automáticamente que las tareas domésticas y el cuidado de los niños son tareas de la mujer. Si una mártir ha reforzado esa noción por medio del auto-sacrificio continuo, puede tener que buscar una solución innovadora para enseñarle a su compañero una definición nueva de dar y tomar en el hogar. He aquí cómo lo hizo una mujer.

"Después de asumir mi papel de mártir, supe que las cosas tenían que cambiar en la rutina diaria del hogar. Yo hacía todo para dos adolescentes saludables y un hombre malcriado. Y yo merecía mucha de la desatención que ellos me daban —no toda— pero mucha. Yo había regañado, dejado notas, y hasta me había rebajado a gritar que ellos no me amaban. Cuando oí que eso salía de mi boca, supe que tenía que hacer algo."

"He aquí lo que hice. Una noche, me senté y escribí en tarjetas separadas cada cosa que yo había hecho ese día, no importaba lo pequeña que fuera. Escribí una cosa en cada tarjeta. Para cuando terminé, tenía ochenta tarjetas con cosas escritas como 'limpiar la mesa','sacar el perro, y 'sacar carne del congelador'. Me chocó la cantidad de cosas, muchas de ellas pequeñas, que había hecho durante el día. Y ése había sido un día tranquilo."

"A la mañana siguiente, barajé las tarjetas, y, con una leve sonrisa, le dije a mi marido que eligiera dos tarjetas. Cuando me preguntó por qué, le dije que esas eran las cosas que hacía yo en la casa. Cualesquiera que fuesen las dos que escogiera él, tendría que hacerlas ese día y el resto de la semana, porque yo no las iba a hacer. Hice lo mismo con los chicos. Esa fue mi manera de romper la rutina de mártir en que me encontraba atrapada. Después, no tuve necesidad de volver a usar las tarjetas para conseguir que me ayudasen."

Las soluciones innovadoras para desprenderse del hábito del martirio, exigen que una mujer se conceda ella misma el derecho de esperar amor y consideración en retribución. El guión de amor adulto sugiere que usted no debería exigirlo, sino que debería esperarlo. Una vez que esta mujer dejó de exigirlo y de martirizarse cuando eso no daba resultado, empezó simplemente a esperarlo.

Seguir hasta el final esa afirmación es la última valla a superar para comenzar a aceptar el dar de otra persona. Realizar esta tarea también requiere medidas innovadoras.

"Solía pasar todo el día asegurándome de que a mi compañero la cena le gustara muchísimo. Yo elegí ser ama de casa, y desde que superé mi martirio, realmente me encanta. Sin embargo, mi compañero no se adaptó muy bien, tuve que tomar algunas medidas firmes."

Le dije que quería cumplidos por mi cena y que después limpiásemos juntos la cocina. Esperé unos días sin resultado positivo. Después, simplemente encontré otras cosas que hacer a la hora de cenar. Empecé a tomar clases para continuar mis estudios a las cinco de la tarde y no llegaba a casa hasta las seis y media. Las primeras veces, él me esperaba, queriendo saber dónde estaba la cena. Yo dije que estaba en el refrigerador y las alacenas. El pobre creyó que me había vuelto loca. Preparé una cena tardía, pidiéndole que me hiciera cumplidos. Esta vez lo hizo. También me ayudó a limpiar. Si él no me hubiese demostrado algo de consideración como lo hizo, yo estaba dispuesta a seguir con las cenas a deshora hasta que lo hiciera."

No sólo esta mujer tuvo que darse ella misma derecho a esperar un poco de amor como retribución, sino que hasta tuvo que enseñarle cómo hacerlo a su compañero.

Esto puede sonar como si ella hubiera tenido que entrenar a un niño pequeño, enseñarle a comportarse, pero en realidad, ella siguió hasta el final su expectativa de resultados positivos de su trabajo. Recuerde que en el guión de amor adulto no hay nada que diga que usted no puede ayudar a su pareja a volverse sensible a sus necesidades. Esa ayuda puede incluir la educación paso a paso. Ayuda a comprender que a él nadie le ha enseñado jamás a ayudar en la casa.

Usted ha notado que Campanita tiene sentido del humor. Ella, especialmente, necesita tenerlo si quiere combatir el martirio. He aquí una mujer que usó su sentido del humor para romper el círculo vicioso de autocompasión que alimenta a menudo al martirio.

"No importa lo que yo tratara de hacer por él, siempre parecía oír dentro de mí esa vocecita que decía: 'Oh, pobrecita, nunca recibes retribución según lo que das'. Parecía que yo siempre estaba en el 'pozo de la comprensión'. Eso me devoraba viva. De modo que emprendí sobre mí misma un poco de acción humorística."

"Cada vez que me sentía caer dentro del pozo de la compasión, iba a mi cuarto de baño, me miraba al espejo y repetía en voz alta: 'Oh, pobrecita, nadie te aprecia. Pobrecita,' Seguía repitiéndolo hasta que sonaba tan tonto que me hacía reír. Y el hechizo se rompía. Yo podía seguir entonces con mi diario programa de tareas sin caer en la autocompasión. Cada vez que retornaba esa voz interior, iba hasta el cuarto de baño más cercano y me reía de mí misma. Le diré que se consiguen miradas extrañas de amigos y familiares cuando una corre a cada rato al cuarto de baño. Finalmente, le conté a mamá lo que estaba haciendo. Me miró como si estuviera loca. Pero claro, ella hubiera debido hacer lo mismo hace años."

Caer en el pozo de la compasión es un hecho regular para una Wendy que está convirtiéndose en una Campanita. Esta mujer encontró una forma jocosa de salir del

pozo. Entendió que podía batallar contra su autocom,
sión sobre una base diaria durante meses. Ella pensó q
eso estaba bien; todo fue parte del proceso de maduración.

Tolerancia y empatía

Ponerse en el lugar del otro sin perder de vista lo que
uno cree, es tarea que una persona madura debe poder realizar. Requiere compasión, comprensión y capacidad de
perdonar, características que no son compatibles con las
respuestas de Wendy. Una vez que pueda cultivar algo de
empatía por su pareja, podrá tolerar algunos rasgos de la
personalidad de él que a usted no le agradan.

La empatía también le da la capacidad de juzgar si
su compañero está tratando o no de retribuir.

"Puede comprender el dolor que soporta mi marido
en su trabajo. Su jefe no es un hombre agradable y su trabajo es frustrante. Me doy cuenta de que siento algo por
él. Pero eso no debería darle el derecho de venir a casa y
desahogar conmigo sus frustraciones. La comprensión llega demasiado lejos. Entonces, me doy cuenta de que trata de ser bueno conmigo. El siente lástima de sí mismo y
piensa que tiene el derecho de ser malo y desconsiderado
conmigo. Yo tendré empatía por él si veo que él está tratando de solucionar sus frustraciones, no sólo arrojándo-
melas cuando no las quiere soportar."

"Cuando él trata de superar su propio dolor, yo estoy
dispuesta a tolerar su hosquedad. Pero si no lo hace, pues
me voy. No entiendo totalmente lo que él está atravesan-
do, pero sin duda no tengo por qué quedarme a su lado a
soportar sus insultos."

"Si él no asume la responsabilidad de su propio
estrés, yo me voy. Eso parece sacudirlo. Trata de continuar descargándose conmigo un minuto o dos, pero cuando yo peleo, habitualmente se calma y finalmente pide disculpas."

La empatía y la tolerancia no deberían ser confundidas con permitir que el otro nos tome por un saco de ave-

na. Una mujer que acepta desconsideración de su compañero tiene tendencia a retribuírselo en especie. Por eso la empatía y la tolerancia ayudarán a una mujer a librarse de su respuesta castigadora.

"Me sorprendía a mí misma lanzando la misma clase de agresiones que yo había aprendido a esperar de él. Supe que tenía que pensar más en mí misma y no permitir que eso ocurriera. Yo no podía controlar al cólera de él, pero podía controlar la mía. Decidí que, simplemente, me enfadaría con él, siendo lo más sincera que pudiese."

"En vez de inventar excusas para no tener relaciones sexuales con él, le decía la verdad. Le decía: "Tú has estado haciéndome la guerra, y yo no quiero hacer el amor contigo. Al principio fue difícil decirlo. Pero me dije a mí misma: 'No tengo por qué tolerar actitudes desagradables de él, cuando sé que él no trata de mejorar."

"En vez de ponerlo en ridículo delante de otros yo volvía sola a casa o discutía con él sobre lo que él había hecho o dicho en el momento que sucedía. La primera vez que hice eso, estábamos con unos amigos, y yo le llevé a otra habitación y le dije, en pocas palabras y sin gritar, por qué estaba enfadada. Me sentí tentada a encararlo delante de sus amigos, pero decidí que era una persona demasiado refinada para hundirme tan bajo. Otras mujeres dicen que da resultado, pero prefiero no amarlo a hacer eso".

Hay otras dos maneras según las cuales usted puede usar el amor contenido en la tolerancia y la empatía para desterrar el castigo del modo que tiene de relacionarse con su compañero. Ambas incluyen el perdón.

Si descubre que ha sido una castigadora, necesitará perdonarse a sí misma. Eso es necesario antes que pueda superar sus actitudes negativas hacia su compañero. Pero puede ser una cosa difícil de hacer.

"El perdón es fácil de decir pero difícil de hacer, especialmente cuando creo que muchos de nuestros problemas hubieran podido evitarse si por lo menos yo hubiese recuperado antes la sensatez. Me digo a mí misma que soy una persona buena y que tengo derecho a equivocarme. Eso ayuda mucho. Cada vez que me sorprendo retrocediendo hacia la actitud castigadora, me aparto inmediatamente de la situación. Entonces, me doy a mí misma esa pequeña charla acerca de cometer errores. La parte más difícil es aceptar el hecho de que yo pueda ser tan estúpida. Creo que la tolerancia trabaja en ambos sentidos."

La tolerancia y la empatía son rasgos que deberían orientarla para amarse a sí misma lo mismo que para amar a su compañero. A algunas mujeres les resulta más fácil perdonar la crueldad del compañero que perdonar los defectos que encuentran en sí mismas. Todo eso es parte de la silenciosa voz de la inferioridad (ver capítulo 5).

Si una Wendy tiene éxito en perdonarse a sí misma, probablemente podrá reducir de inmediato el grado de su castigo. Con mayor control de sí, puede ser capaz de ejercer la segunda parte de la estrategia del perdón. Una mujer lo expresa así:

"Yo sabía que tenía que haber una razón para la forma en que me trataba mi marido. El no podía o no quería decírmelo, y no quería ir a hablar con nadie sobre ello. Y yo quería saber por qué."

"A fin de averiguarlo, tuve que ponerme bajo control, cosa que hice, simplemente, alejándome y negándome a caer en la tentación de castigarlo."

"Entonces sucedió algo extraño. El vino en pos de mí, provocándome, insultándome, casi desafiándome a que lo castigara. Y entonces, se me hizo la luz. El quería que yo le castigara. El lo esperaba, como un muchachito travieso sorprendido robando de la alcancía de su hermana. Todo me pareció bastante simple. Por cualquier razón que fuese, mi marido se sentía como si se hubiera comportado conmigo como un niño malo. El cielo sabe que él tenía alguna razón para desear enmendarse. Pero eso no era lo que él quería. El quería ser castigado. Como si el castigo pudiera hacerle sentirse nuevamente bien."

"Una vez que conseguí controlarme yo, pude confrontarlo en medio de una de sus sesiones de provocación. No traté de empequeñecerle. Sólo esperé hasta que hizo una pausa, y entonces lo miré directamente a los ojos y dije:

'Cariño, no te voy a castigar. Yo no soy tu madre. De modo que si no puedes hablar sensatamente de cambios, por favor, déjame tranquila'."

Esta clase de confrontación racional requiere que una mujer haya madurado mucho. Resultará difícil a muchas mujeres, y quizá no dé resultado. Cuando una mujer modifica sus pautas de conducta, altera el equilibrio entre ella y su compañero. Es posible que él no sea capaz de adaptarse. Encontrará más información sobre lo que puede esperar cuando usted cambie en el capítulo 20.

Dependencia

Una mujer que ama desea poder contar con su compañero. Quiere que él la escuche cuando está deprimida, que la aliente en un día agotador, la ayude a limpiar la casa cuando vienen visitas, que tenga comprensión por los cambios de humor de ella. En resumen, quiere que él esté allí cuando ella lo necesite.

Una mujer que hace de madre de su compañero tiene que luchar con las debilidades de él y con el hecho de su propio desencanto y amargura. El rasgo de dependencia del amor adulto es a menudo mal usado por la mujer Wendy, en que ella siempre está allí cuando su pareja la necesita, aun cuando él debería erguirse sobre sus propios pies y arreglárselas solo. Lograr una dependencia racional es algo difícil de aprender para una Wendy.

"Yo siempre estaba cuando él me necesitaba. Escuchaba durante horas cuando él se quejaba de su jefe y su trabajo. Cancelaba planes que había hecho con anterioridad a fin de que él no tuviera que quedarse solo de noche. Sin embargo, él nunca parecía estar allí cuando yo lo necesitaba. Finalmente, decidí seguir la pista de sus problemas y ver si él cambiaba alguna vez sus quejas. No fue así."

"Supe que no podía seguir escuchándole quejarse de su trabajo. Yo con eso no le ayudaba nada. De modo que le dije que juntos podíamos elaborar una estrategia para confrontar al jefe. Tomé un papel, escuché todas las quejas —las sabía de memoria— y le dije que pensara en todas las cosas que él podía hacer: despedirse, gritarle al jefe, pedirle un traslado, acudir al jefe de su jefe, preparar una queja formal, invitarle a cenar, y así sucesivamente".

"Le entregué la lista y le pregunté qué podía hacer primero. El se encogió de hombros. Yo me afirmé en mi determinación y le dije: 'Si tú no empiezas a trabajar en una solución, aunque fuese algo de lo que hemos escrito aquí, yo no seguiré escuchando tus lamentaciones."

"Una noche, él llegó a casa de pésimo humor y empezó otra vez a quejarse de su jefe. Cuando me enteré de que él nada había hecho por solucionar su problema, dije: 'No quiero oírlo', y me fui. Fue una cosa muy difícil de hacer."

"Esa misma noche, más tarde, lo vi en la sala de estar, mirando la lista y murmurando para sí. Todavía no ha solucionado su problema laboral, pero ahora piensa, por lo menos, que es su problema, no el mio."

Las mujeres excesivamente protectoras son habitualmente muy competentes para conseguir que se hagan las cosas. Se exigen el máximo ellas mismas, al hacer seis cosas a la vez. Son de fiar hasta el exceso. Retroceder es duro, pero necesario. He aquí cómo otra mujer disminuyó su protección pero siguió siendo de fiar.

"Mi compañero no levantaba un dedo para ayudarme. No hacía las compras y no quería ayudar en las tareas domésticas, y créase o no, un día, cuando yo estaba ocupada con mi abuela, él se olvidó de recoger a los chicos en la escuela. Cuando la maestra me llamó por teléfono para decirme que los niños todavía estaban allí, y mi marido dijo que se 'olvidó', supe que era hora de hacer algo."

"Empecé dejando sus ropas dispersas por toda la casa. Oh, claro, las apilaba en varios rincones a fin de que no fueran un estorbo, pero no las quitaba. Cuando él preguntó por sus pantalones cortos de tenis, yo señalé una pila y dije: 'Quizá deberías buscar allí.' Fueron necesarias dos semanas hasta que él empezó a poner sus ropas en el canasto de la ropa sucia."

"Después, empecé a darles de comer a los niños antes que él volviera a casa y le dije que él tendría que prepararse su comida porque yo estaba a dieta. Una vez le ofrecí un poco de mi tostada Melba, pero él contestó con un gruñido y abrió una lata de sopa. Fue necesario solamente una semana para que recordara que podía ayudarme, deteniéndose en el supermercado de regreso del trabajo a casa."

"Realmente, yo odiaba tener que hacer esas cosas, pero daban resultado. Yo lo llamé 'declararme en huelga por mejores condiciones de trabajo'. El dijo que me estaban creciendo los colmillos. Ambos nos reímos."

El retroceso desde el exceso de protección, habitualmente resulta en algún tipo de sentimiento de culpa. Mientras la mujer sepa que ha ensayado el enfoque de comunicación abierta y sincera, sin regaños, podrá confiar en que está haciendo lo más racional que podría hacer.

Otra cosa racional que libera a una Wendy de la sobreprotección es incrementar su propio nivel de independencia. En algunos casos, la clave de esta fuerza es la capacidad para ganar dinero.

"No me gustaba ser totalmente dependiente de mi marido en relación con el dinero. Me hacía sentirme en deuda con él. Pero yo, en realidad, carecía de habilidades que me permitieran trabajar, de modo que fui al colegio local y hablé con una consejera de orientación vocacional. Me sentía como una estúpida, hasta que descubrí que había centenares de mujeres en mi situación."

"Tomé mi decisión acerca de mi carrera basándome en mis propios intereses, mi experiencia pasada y mi necesidad de un programa de educación a corto plazo. Me decidí por teneduría de libros, no sólo porque podía estudiar eso de noche, sino también porque yo estaba haciendo un trabajo excelente en la administración de todo el dinero de la casa."

"Mi marido no podía entender por qué yo volvía a la escuela. Dijo que él ganaba dinero suficiente y que yo no podría ganar tanto como para que fuese de alguna importancia. Sus comentarios sólo fortalecieron mi determinación."

"No tengo planes de conseguir un empleo de jornada completa fuera de mi casa, pero me siento más segura sabiendo que puedo mantenerme sola si tuviese que hacerlo. Creo que ello ha ayudado a nuestra relación. Porque me siento más fuerte, no trato de ser una Mujer Maravillosa."

La inseguridad económica es la característica que más afecta a las mujeres Wendy; cruza las fronteras de todas las respuestas de Wendy. Nos ocuparemos de eso más adelante, en este mismo capítulo.

Desarrollo Personal

Muchas personas, tanto hombres como mujeres, tienen la tendencia a cesar la búsqueda de desarrollo personal una vez que "sientan cabeza". Uno de los efectos colaterales negativos de este estancamiento es la posesión. Una mujer se liberó de su tendencia a ser posesiva aprendiendo a ser nuevamente dueña de sí misma.

"Cuando me casé, literalmente me entregué. No me di cuenta de ello hasta que me vi tan amargada y resentida como mi madre. Me llevó largo tiempo descubrir qué andaba mal."

"Mi marido iba a una excursión de pesca y yo lloraba todo el tiempo que duraba su ausencia. Lo culpaba a él de mi desdicha. Se suponía que él tenía que entretenerme a mí. Yo lloriqueaba como una criatura pequeña."

"Finalmente, me miré en el espejo y me di un rápido puntapié en la psiquis. Era hora de que yo siguiera adelante con mi vida. De modo que salí, me compré ropa de deporte y una raqueta de tenis, y me hice socia de un club. Juré hacer todo lo necesario a fin de no deprimirme y de no ahogarme más en la autocompasión."

Tomar el control de la propia vida es un ingrediente esencial para convertirse en una Campanita. Usted no tiene que empezar a hacer *jogging* alrededor de su manzana o convertirse instantáneamente en una fanática del deporte. En realidad, no hay ninguna fórmula que diga cómo cualquier individuo aprende a ser una persona. Usted puede convertirse en la mejor en lo que quiera, sin tener que seguir lo que otros dicen o hacen.

"Mi ministro religioso había estado diciéndome que yo necesitaba tener más respeto por mí misma. Desafortunadamente, yo no entendía lo que él quería decirme. Hablamos de mi carrera. Siempre me habían dicho que debía estar al servicio de los demás, y parecía que la mejor forma de hacer eso era ser enfermera. De modo que eso hice, Está muy bien, pero en realidad, a mí no me gusta. Yo quiero algo diferente."

"Cuando él me preguntó qué me gustaría realmente hacer, yo me sorprendí a mí misma, al decir: 'Vender moda para mujeres.'Cuando le pregunté si debería hacerlo, él dijo: 'Usted debería hacer lo que para usted esté bien.' Yo esperaba que él me diera permiso para hacer lo que quería. El me dijo que yo era lo bastante mayor como para darme permiso. Eso dio de veras en el blanco."

"Cuando anuncié por primera vez mis intenciones, mi marido y mis amistades me creyeron loca. Fui atacada con todos los argumentos posibles: mal sueldo, renuncia a mi carrera elegida, trabajo inestable. Pero yo, de todos modos, lo hice. Una vez que le expliqué a mi marido que el ser enfermera fue, en realidad, una elección hecha para mí por mi madre, él pareció comprender. Una vez que se dio cuenta de lo mucho más feliz que era yo, estuvo totalmente de acuerdo con mi nuevo trabajo. Ahora hasta me ayuda con los chicos, algo que nunca pensé que él sería capaz de hacer."

Esta mujer se liberó de un papel restrictivo impuesto por sus padres y por el condicionamiento social. Volvió a tomar posesión de una parte de su vida que, a través de la pasividad, ella había permitido que fuera controlada por otro.

Cuando una mujer se desarrolla primero como persona, es libre de elegir qué otros papeles puede desear asumir. Ya no es una víctima de definiciones de lo que debe ser como trabajadora, como mujer o, para el caso, como esposa. Si usted desea seriamente convertirse en una Campanita usará mis sugerencias para amar como trampolín hacia el desarrollo personal, no como una guía de papeles que usted deba representar.

El desarrollo personal la ayudará a protegerse del desarrollo del narcisismo. Como recordará del capítulo 9, el narcisismo puede manifestarse en una mujer cuando ella procura desarrollar ciegamente una feminidad rígida, la creencia de que ello, de alguna manera, resolverá rápidamente los problemas de atraer y retener a un hombre.

Si no está segura de dónde empezar a desarrollarse como persona, considere la experiencia de esta mujer:

"Yo no sabía cómo tener una opinión. Oh, sabía cómo decir lo que yo creía que otras personas querían oír, y desde luego, sabía cómo quejarme... pregúntele a mi marido. Pero siempre consideré que las personas que tenían opiniones eran obstinadas, y yo no quería ser así."

"Cuando aprendí que tener una opinión puede ser una experiencia maravillosa, quedé prendada. Empecé a practicar el tener opiniones. Suena tonto, pero cuando uno no sabe correr, primero tiene que aprender a arrastrarse."

"Debiera haberme visto tratando de decidir qué estación del año me gustaba, no la que la gente me decía que me gustaba sino la que me gustaba a mí. Después de eso, pensé en mis preferencias en libros, muebles y hasta colores. Descubrí que nunca había aprendido a pensar sola."

"Todo un mundo nuevo se me abrió. Para mi marido fue una sorpresa, sobre todo cuando empecé a tener opiniones sobre política y sobre los amigos de él. Me convertí en una persona que él no conocía. Tuve que procurar ir más lentamente, a fin de darle a él una oportunidad de adaptarse a la nueva yo."

Cuando una mujer ve la inutilidad de tratar de controlar a su pareja, puede dirigir su atención al control de sí misma. Y a medida que aprende a controlarse, toma posesión de las actitudes, opiniones y valores que guían su vida. Cuando aprende a poseerse ella misma, ya no es más posesiva.

Compartir

"Tenemos problemas para comunicarnos." Cada vez que hay problemas en una relación, esta afirmación es usada inevitablemente para resumir la dificultad. Normalmente, significa que las dos personas de que se trata confunden y contaminan el acto de compartir pensamientos y sentimientos. Wendy cuida sus palabras, pues no desea ofender a su hipersensible Peter Pan. Peter, por su parte, hace lo posible por ocultar sus emociones y evitar la verdad, temiendo que lo hagan responsable de herir a su frágil mujercita.

El hecho de compartir de Wendy con Peter Pan está deformado y controlado. Puesto que ella no tiene dominio sobre sí misma, vive preocupada y temerosa de decir la cosa inadecuada en el momento inadecuado. Ella misma es la censora de su forma de compartir.

Campanita, por su parte, habla y dice lo que piensa. En realidad, puede entusiasmarse tanto con el hecho de compartir que es capaz de llegar al extremo opuesto, abrumando a su compañero con información. Uno puede pasar rápidamente por alto los excesos, porque ella está en el buen camino.

Compartir es el atributo más importante del guión del amor adulto. Sin el compartir de pensamientos y sentimientos, un hombre y una mujer tienen poca o ninguna esperanza de formar la base de un compromiso duradero. A fin de ser efectivo, este compartir debe ocurrir en una atmósfera donde no se juzgue. Si uno o ambos miembros de una relación amorosa conserva un aire de superioridad sobre el otro, la venganza y la rebelión se infiltrarán en cualquier intento de compartir.

Abajo se dan tres ejemplos de cómo ese compartir sin juzgar puede contrapesar los asomos de control que a menudo se inmiscuyen en la relación de una Wendy con un Peter Pan.

PSICOLOGIZANDO. "Tú sabes que estás alterado sólo porque tu madre le prestaba a tu hermana más atención que a ti." Esta Wendy juzgadora es culpable de psicologizar cuando ella y su compañero comparten pensamientos y sentimientos acerca de una reunión familiar que terminó en un enfrentamiento. No tiene importancia si el juicio de ella es correcto o no. Ella le decía a él cómo se sentía él y por qué se sentía así. Si él tiene problemas para identificar y comunicar sus sentimientos, seguramente este tipo de lectura equivocada resultará en más alienación.

Si usted es una Wendy que está volviéndose Campanita, se beneficiará de estas dos alternativas a psicologizar.

Una manera de sondear la afirmación en pregunta. Especificar una situación es una introducción excelente. Por ejemplo: "¿Cómo te sentiste cuando tu madre ignoró tu noticia sobre tu promoción para, en cambio, preguntarle a tu hermana por sus zapatos nuevos?"

Si él tiene una historia de censurar sus sentimientos y usted ha reaccionado psicologizando, es probable que él eluda su pregunta: "Oh, para mí eso no significó nada. Así ha sido siempre." Y usted puede sentirse tentada a caer nuevamente en la lectura de pensamientos: "Vamos, cariño, te vi cuando te pusiste colorado. Hubieras podido estrangular a alguien."

Si la pregunta no da resultado y usted está muriéndose por decir su opinión, compártala de tal manera que se reduzca al mínimo cualquier asomo de acusación. "Pues yo me sentí disgustada con tu madre por no prestarte atención, y creo que tú también te sentiste así." Usted sabe que es imposible arrancar emociones de otra persona; su mejor oportunidad de ayudar es compartir sus sentimientos de la forma más honesta posible, alentando a su compañero a que haga lo mismo.

MENSAJES DE TU. Muchas oportunidades potencialmente fructíferas para compartir son saboteadas por el mal uso del pronombre de segunda persona del singular. Eso se da como una extensión de la tendencia a psicologizar ya explicada. "Tú no quieres contarme lo que sientes", "A ti te gusta verme sufrir", y "Tú nunca crecerás son expresiones que implican un juicio, o sea, *mensajes de tú* equivocados, destinados a destruir un compartir significativo.

Emplee "mensajes de yo" en vez de "mensajes de tú". Cuando use mensajes con pronombre de primera persona, haga lo posible por evitar el uso del pronombre de primera persona, haga lo posible por evitar el uso del pronombre de segunda persona como sujeto de una oración. Es así como sonarían las afirmaciones anteriores si el tú fuera reemplazado por el yo. Me siento excluida cuando no conozco o no comprendo tus sentimientos." "Me siento muy incómoda cuando yo soy la única que expresa sus sentimientos." "Me enfado contigo cuando siento que yo soy la única que está tratando de creer."

Convertir "mensajes de tú" en "mensajes de yo" es algo en que pueden trabajar todos los integrantes de relaciones amorosas. Si usted y su compañero están de acuerdo en trabajar en ello, entiendan que el objetivo es inalcanzable: eliminar enteramente el pronombre de segunda persona como sujeto de una oración en la que tiene lugar un compartir de sentimientos. Probablemente, nunca logrará el ideal —cien por cien eficaz— pero mientras más lo haga, mayores serán sus probabilidades de compartir sin juzgar.

RESOLUCION DE CONFLICTOS. El conflicto en una relación amorosa es inevitable. Mientras les dé a ambas partes la oportunidad de mejorar su capacidad de aprender de las equivocaciones, el conflicto es bueno. He aquí como describía una mujer su experiencia con mi sugerencia para la solución de conflictos. Ella había buscando ayuda para mejorar su matrimonio; su marido se había negado a venir con ella.

"Debo admitir que yo creía que su descripción del conflicto como un montón de estiércol era de algún modo tonta. Pero mientras más lo pensaba más sentido tenía mirar los problemas entre mi marido y yo como basura que contaminara nuestra relación."

"Tambien tenía mucho sentido darme cuenta de que yo sólo podía ser responsable de mi parte de la pila de estiércol. Le expliqué la idea a mi marido y él, por supuesto, pensó que yo era una estúpida. De todos modos, seguí adelante con esto."

"Tuvimos una discusión tonta acerca de cómo preparar tacos. Usted me dijo que practicara su sugerencia primero con un problema pequeño... y créame, este era un problema pequeño. De todos modos, mi marido come en un puesto de tacos y está convencido de que él conoce la manera perfecta de prepararlos. Yo compré tortillas de taco que se fríen antes de comerlas. El me dijo que eso era una estupidez, que no hace que sean más sabrosas. Yo no pude creer que él fuera tan tonto, y así se lo dije. Tuvimos una discusión gigantesca.

"Más tarde, me sentí muy tonta. De modo que hice lo que sugirió usted. Sin adoptar la actitud de una niñita culpable, dije sencillamente: 'Esta discusión por los tacos es pura basura. Y quiero asumir la responsabilidad de la parte que a mí me toca. No debí darle tanta importancia a eso de freír las tortillas primero.'

"El no supo qué decir. Se limitó a mirarme. Yo expliqué que estaba practicando el asumir la parte que me correspondía del montón de estiércol... algo que estaba aprendiendo con mi consejero matrimonial. El siguió sin decir palabra. Caray, tuve muchas ganas de decirle cuál era su parte del montón de estiércol, pero no lo hice."

"Usted dijo que sería difícil aceptar la parte que me correspondiera del montón, sin que él aceptase la suya. Espero que esto dé resultado, porque no me gusta asumir yo toda la responsabilidad, y que él no asuma ninguna."

La Campanita asume la responsabilidad de su contribución al conflicto —reconoce su parte del montón de estiércol— sin obligar a su compañero a que haga lo mismo. Demuestra una conducta madura, dueña de sí misma, en la esperanza de dar un ejemplo que su pareja emulará. Como se verá en el capítulo 21, si el hombre no actúa en sentido unilateral de la responsabilidad, sin considerar seriamente la alternativa de marcharse. Compartir sin juzgar es un elemento crítico de una relación amorosa productiva. Sin embargo, si compartir se convierte en una calle de un solo sentido, el amor está condenado a llegar a un callejón sin salida.

Realismo

La lección expresada por este atributo del guión de amor adulto es sencilla. Los amantes se causan ellos mismos estrés innecesario si esperan resolver todos los conflictos al cien por cien. Los amantes jóvenes son excepcionalmente vulnerables a la noción de que el amor exige unanimidad en todas las cuestiones del diario vivir. Un sentido de la realidad los ayudaría a equilibrar el deseo de ser uno en la mente con el hecho real de que algunos conflictos, simplemente, no son solucionables.

Esa noción lleva a dar prioridad a los problemas de acuerdo al impacto total que tengan en la relación. Las discusiones sobre tacos no es necesario que sean resueltas (fuera de que cada uno asuma su responsabilidad por la pelea), mientras que el tiempo y la energía dedicados a resolver diferencias en la educación de los hijos dan resultados a largo plazo. Ciertos temas pueden no ser importantes para una de las partes, pero lo son para la otra. Dar y tomar, y compartir, deben ser empleados si los amantes quieren llegar a un consenso sobre los temas a ser elaborados y aquellos que se dajará perderse en la historia.

Cuando los amantes adoptan un sentido de la realidad, la negación disminuye y aumenta la sinceridad para expresarse. La realidad puede ser algo muy doloroso de encontrar para una Wendy, especialmente si ella se da cuenta de que, aunque está tratando de eliminar sus actitudes maternales inapropiadas, su compañero rehúsa empecinadamente regresar de la Tierra de Nunca Jamás. La búsqueda del realismo puede llevar a una mujer a la inevitable conclusión de que su amor no va a ninguna parte y que puede ser hora de apartarse.

Sin embargo, para la vasta mayoría de amantes, es una experiencia saludable y rebeladora aceptar la realidad de que el setenta por ciento de su relación es un logro maravilloso. Permítame explicarlo.

Piense en las dos últimas semanas de su relación. Considere todas y cada una de las interacciones, aunque esa interacción haya sido el intercambio silencioso de una decidimos hacer ofertas. Otra persona lo quería, y estuvimos luchando hasta que ganamos."

"Hemos pasado ya horas imaginando la mejor forma de restaurarlo, y mi marido salió y compró todo lo necesario. El está realmente entusiasmado con la idea de guardar sus pistolas en la caja, y yo creo que será un añadido interesante al mobiliario de la sala de estar."

"Más importante aún, nos hemos divertido tanto haciendo eso juntos que él quiere comprar más antigüedades. Hasta le gustó una cama de pino de cuatro postes para nuestro dormitorio."

La intimidad especial que tuvo lugar a este nivel no erótico, alimentó la relación de esta pareja más de lo que hubiera podido lograr todo el asesoramiento sexual del mundo. El espíritu de compañerismo fue avivado de tal manera que llevaría naturalmente a una intensificación y mejoría del compartir erótico.

Hay en esta historia una lección psicológica que merece una mención especial. Esta mujer había sido aconsejada para que alentara a su marido a dedicarse a algún tipo de empresa artística. El tenía una orientación técnica y no se inclinaba fácilmente a las artes o artesanía. Ella había recibido esa recomendación, porque la investigación sugiere que los muros que la gente erige para mantener alejados a los demás tienden a disolverse en una situación donde el arte reemplaza a la tecnología. La habían alentado para que buscara una actividad que tuviese que ver con la música, la danza, la pintura, o cualquier otro tema donde su marido pudiera expresar sus sentimientos más íntimos sin las retribuciones impuestas por la tecnología. Expresar los sentimientos artísticos, aunque sean limitados, a menudo puede ser el primer paso hacia un incremento de la intimidad.

La segunda mujer capitalizó sus propios sentimientos de necesidad sexual volviéndose agresiva.

"Como usted sabe, yo sentía que estaba perdiendo a Jack, quien parecía freferir su gimnasio. El siempre va allí después del trabajo, se ejercita hasta quedar agotado y más tarde, después de cenar, se queda dormido en el sofá."

"Yo decidí hacer algo atrevido; quejarme, sin duda, no daría resultado.

"Una noche que él se quedó trabajando hasta tarde y por lo tanto no iría al gimnasio, yo creé un gimnasio especial en nuestro cuarto de baño. Baño de burbujas, champán y una bandeja de canapés. Cuando le dije que se desnudase, él me miró como si me hubiera vuelto loca. Pero obedeció."

"Lo llevé a la bañera y empecé a frotarle el cuello. Me metí con él en la bañera. Quedamos bastante apretados. Bebimos el champán, comimos canapés y empezamos a arrojarnos agua el uno al otro."

"Ambos sentimos frío y fuimos corriendo a la cama. Yo le froté la espalda con aceite y, bueno, una cosa llevó a la otra, e hicimos el amor como nunca."

No es menester decir que esa táctica no siempre funciona a la perfección. Si usted le ensaya y su compañero se muestra no receptivo o demasiado exigente, retroceda en cuanto sienta que empieza a frustrarse. Explique que su estado de ánimo no sintoniza con el de él y que necesita tomarse un descanso. Interrumpir los juegos antes que crezca por dentro la amargura impide que se acumulen sentimientos negativos.

El factor X

Los amantes admiten que hay entre ellos un vínculo tácito. Es una especial sensación de cercanía y es inefable e indefinible; de ahí el nombre de factor X.

Antes de extenderme en comentarios sobre este atributo especial del guión de amor adulto, permítaseme resumir los comentarios de un joven que depositaba sus esperanzas en el factor X.

"Mi madre ha sido una Wendy durante más de treinta años y sé que a menudo yo actúo como ella. Detesto caer en la trampa de hacer de madre de mi marido, pero él puede llegar a actuar como un bebé. Y yo no me doy cuenta de lo que sucede hasta que es demasiado tarde."

"Hay una línea muy fina entre amar y hacer de madre. Y cuando me siento insegura, sé bien que estoy cruzando la línea hacia el lado de hacer de madre. El tiene la costumbre de culparme de todo lo que sale mal. Cuando me siento bien conmigo misma, no muerdo ese anzuelo. Pero cuando estoy deprimida, empiezo a sentirme culpable y enseguida empiezo a hacer de madre."

"Me siento muy confundido acerca de muchas cosas. Pero una cosa sé con seguridad. Yo a él lo amo y no voy a arrojar eso a la basura. Y no me pida que diga por qué lo amo. Sólo sé que lo amo. Y para mí, el amor no es una emoción tonta... es un compromiso de darse a otra persona. Yo seguiré dando y seguiré amando porque sé que él me ama. Sólo que él nunca aprendió a demostrarlo. Y yo creo que algún día, mi actitud de dar me será retribuida."

"No quiero el amor de otro hombre, quiero el amor de él. No aceptaré el hecho de que él puede no aprender a amarme. No aceptaré eso de ningún modo."

Yo no conozco al marido de esta mujer. Pero espero sinceramente que él despierte antes que haya perdido el regalo más precioso que puede ofrecer la vida: la dedicación sincera de otro ser humano.

mirada. Después, pregúntese cuántas de esas interacciones fueron esencialmente positivas. Si siete de cada diez interacciones estuvieron caracterizadas por el efecto, la comprensión y la amabilidad, entonces tiene usted un setenta por ciento de relación amorosa, una base fantástica sobre la cual podrá construir un amor todavía más grande.

Intimidad

A lo amantes les gusta tocarse, abrazarse, besarse, tomarse de las manos y expresar libremente placeres eróticos mutuos. Dentro de esa intimidad, hay espacio suficiente para los juegos.

Como el ochenta por ciento de la sexualidad ocurre sobre los hombros —si los centros del placer ubicados en su cerebro están alterados, la sexualidad se llenará de desencanto—, la intimidad sexual tiene más que ver con la forma como los enamorados se tocan mutuamente sus almas que con la forma como acarician mutuamente sus cuerpos.

He aquí dos reacciones a sugerencias para mejorar la intimidad dadas por mi esposa Nancy a mujeres que estaban siendo aconsejadas por ella.

"Cuando usted sugirió por primera vez que necesitábamos hacer más cosas juntos que preocuparnos de cuentas y quejarnos de los niños, yo pensé que sería fácil conseguir algo. Pero no lo fue."

"Exprimí mi cerebro hasta que comprendí que debía de haber una forma de poner en una misma empresa nuestros intereses separados. Yo estoy realmente entusiasmada con el aprendizaje de antigüedades y mi marido ama su colección de armas. De modo que sugerí que fuésemos a una subasta de antigüedades. El podría buscar armas antiguas y yo investigar para hacer mi primera compra."

"Bueno, ambos quedamos entusiasmados en la subasta y nos enamoramos de un estuche antiguo de pistolas. Estaba pintado de un color verde espantoso pero

18

Practicando la respuesta de Campanita

"Tuve que aprender a dar un paso detrás de otro. Después de todo, estaba aprendiendo algo nuevo, y eso no se puede hacer de la noche a la mañana."

Para refrescar su memoria, Campanita era una caprichosa bola de luz, decidida y desenvuelta casi hasta la agresividad. Tiraba del pelo a la gente, y cuando alguien se comportaba de manera irracional, ella lo llamaba "asno tonto". Decir que se poseía a sí misma sería poco; "poseída" es más adecuado.poseída de un espíritu de libertad y aventura. Pero hasta Campanita tenía algunas cosas que aprender. Necesitaba refinar su fuerte personalidad y dejar de empeñarse tanto en ser liberada.

Una vez que reconocen a la Wendy que llevan dentro, muchas mujeres llegan al extremo opuesto y tratan de convertirse en Campanitas de la noche a la mañana. Se dan cuenta de que una de las razones por las que cayeron en la trampa de Wendy fue porque aceptaron ciegamente una restrictiva definición de lo que supone tiene que ser una mujer. En su disgusto con la sociedad en general y con ellas mismas en particular, tratan de aprender un nuevo papel definiéndose ellas mismas como feministas o mujeres liberadas. Absorben todo lo que pueden sobre este nuevo papel y lo representan con diligencia. Pero no todo está bien. Todavía queda un anhelo dentro de ellas. ¿Por qué? Porque en su prisa, sólo han cambiado un papel restrictivo por otro. Se dicen ellas mismas liberadas pero todavía siguen aprisionadas por la definición que les es impuesta por alguien externo a ellas mismas.

Cuando usted se convierte en Campanita, lentamente se define a sí misma. Resiste la imposición de conducta que usted, "supuestamente", tendría que adoptar. Debido a que ha acallado su voz de inferioridad, ya no le causa pánico la posibilidad de la desaprobación. Se toma su tiempo para experimentar con nuevas conductas y elige esos papeles con los que se siente cómoda. Usted es libre de elegir entre interminables formas de comportarse. Lo mejor de todo es que se encuentra en libertad de cambiar, crecer y modificar sus acciones como a usted la plazca. La emergencia gradual de la Campanita que hay dentro de usted es la forma más efectiva de dejar de hacer de madre sin abandonar a su amor.

Este capítulo la ayudará a practicar su respuesta de Campanita. Debido a que es importante que lo haga a su propio tiempo y velocidad, centraré mis recomendaciones en su estilo de vida individual, sin referencia a los hombres. Repasaré técnicas que la ayudarán a modificar sus actitudes y su conducta. Indudablemente, usted está familiarizada con la mayoría de esa técnicas, de modo que no la abrumaré con detalles excesivos.

Cuando considere cada una de esas técnicas, tenga en cuenta que he añadido un énfasis especial a cada una. No siempre puede ser evidente, pero estas técnicas han sido rediseñadas para asegurar que usted cuide mejor de sí misma. La Wendy que vive dentro de usted puede disentir, diciendo: "Estás actuando como una egocéntrica." En realidad, ella tiene razón. Pero sucede que yo pienso que ser egocéntrico no es una cosa mala. Si egocéntrico suena muy parecido a egoísta —que yo sí creo que es una cosa mala—, entonces digamos que mis sugerencias son autoestimulantes.

Las sugerencias contenidas en este capítulo están fundadas en una filosofía de "autopromoción moralista". La autopromoción moralista es mi respuesta al narcisismo desenfrenado que domina gran parte de nuestra cultura. Es una filosofía de posición intermedia que protege de los extremos del hedonismo (donde su ego no tiene autodisciplina) y el fascismo psicológico, donde a su ego no se le deja espacio para la expresión individual.

La autopromotora moralista se entrega generosamente a quienes ella piensa que lo apreciarán. Ella sabe que ese es el mejor camino para recibir amor. Sin embargo, si duele, ella vuelve la mejilla, pero una sola vez. Con una persona que no es de su intimidad, practica la filosofía de "Engañarme una vez, vergüenza para ti; engáñame dos veces, vergüenza para mí."

La autopromotora es una firme creyente en la regla de oro. Se concede a sí misma el derecho a equivocarse. Disfruta de empresas placenteras, equilibrando las pasiones del presente con las necesidades del futuro. Evita los extremos en todos los asuntos, mantiene su conducta dentro de las leyes que afectan al bien común y disfruta de la serenidad de una vida espiritual basada en una conciencia educada.

Si usted se siente cómoda con esta filosofía, puede explorar confiada las recomendaciones que fluyen de ella. Puede usar la recomendación de cuidarse mejor usted misma. Como sé que lo ha oído antes, si no puede ser buena consigo misma, no será buena con ningún otro.

HUMOR

Uno de los más fuertes indicadores de salud mental es el sentido del humor. Ser capaz de encontrar un aspecto luminoso en la nube más oscura es un ingrediente esencial para tener una visión general positiva de la vida. No importa lo profundamente atrapada que esté usted en la trampa de Wendy, necesita encontrar algo de qué reírse, si no a carcajadas, por lo menos con una sonrisa. El sentido del humor es tan importante que, en mi opinión, sin él es imposible hacer cambios duraderos en nuestra vida. Pongo al humor en el primer lugar de la lista de técnicas recomendadas porque, sin él, el resto de sugerencias no funcionarán.

Toda la terminología de este libro —Wendy, Compañita, Peter Pan y Tierra de Nunca Jamás— se presta al lado más ligero de la autoevaluación. Usar el humor para tomarse uno mismo menos en serio no es lo mismo que reprimir los problemas con una risita tonta. En realidad, ser capaz de reírnos de nosotros mismos nos da la oportunidad de obtener una mejor perspectiva de nuestras dificultades, haciendo de ese modo más probable que realicemos procesos correctivos más eficaces.

La forma más terapéutica de emplear el humor es usarlo en conjunción con la intención paradójica. Algunos lo llaman "psicología a la inversa". Por ejemplo, si a su Wendy le gusta hacer de madre de sus amigos, exagere su conducta hasta la tontería. Digamos que usted se sorprende diciéndole a su amiga cómo hacer algo que ella es perfectamente capaz de hacer —escribir un cheque, hablar por teléfono con alguien—. Deténgase en mitad de todo el proceso y diga: "Bien, nena, esta es tu madre la que te habla. Por supuesto, tú no sabes cómo hacer eso. Si me escuchas, siempre lo harás bien. Y todos estamos de acuerdo en que una madre sabe hacer las cosas mejor que nadie." La intención de su conducta ha sido exagerada hasta un extremo tan paradójico que usted se demuestra a sí misma la falta de eficacia de una desproporcionada actitud maternal.

RELAJACION

El objetivo de la relajación es liberar a su cuerpo de tensiones a fin de que el oxígeno pueda llegar a todas las partes de su organismo, especialmente a su cerebro. Si su cuerpo está relajado y su cerebro trabaja a nivel óptimo, usted tiene una mayor posibilidad de controlar su vida. Los tres ingredientes esenciales de la relajación efectiva son: respiración correcta, conciencia muscular y control del pensamiento.

Si usted se enfrenta a una situación que le provoca ansiedad —matricular a un hijo en la universidad, o pedir aumento de sueldo—, un sencillo procedimiento de relajación puede reducir su ansiedad.

Empiece por tomar un "cóctel de oxígeno". Un par de aspiraciones profundas, cada una retenida un par de segundos, llevarán a su organismo un reconfortante suplemento de oxígeno. Si pone la boca en forma de O y respira lentamente, podrá escuchar el sonido de su respiración.

Ese sonido la alentará a apartar la mente de cualquier cosa que la preocupe, aunque sea unos segundos, y la llevará a la conciencia muscular. Mientras respira, se vuelve consciente de que los músculos de su pecho se expanden y contraen, tensándose y relajándose. Las mariposas creadas en su estómago por la ansiedad pueden desaparecer volando si es consciente del relajamiento de los músculos de su diafragma. Puede generalizar este ejercicio o cualquier conjunto de músculos que desee, contrayéndolos y relajándolos.

A medida que tenga conciencia de sus músculos, más fácil le resultará canalizar sus pensamientos hacia un control voluntario de la cantidad de tensión que haya en su cuerpo. La clave del control de pensamiento es la concentración. Si concentra su atención en la respiración y la relajación muscular, podrá literalmente "hablar" a sus músculos, tal como lo hace cuando se comunica con usted misma durante el psicodrama.

La treta del uso de la relajación es identificar la ansiedad en cuanto aparece. La noción de "estoy nerviosa" debería seguirse inmediatamente de una autodirectiva: "aspira hondo". Mientras mejor establezca esa conexión en su mente, más control obtendrá sobre su ansiedad. Un error común que mucha gente comete cuando lleva a cabo un procedimiento de relajación, es intentar ordenarle al cuerpo que se relaje. El cuerpo se rebela contra ese autoritarismo. En vez de inducir la relajación, esas órdenes tienden a incrementar la tensión, frustrando, por consiguiente, todo el procedimiento.

Usted tendrá una posibilidad mucho mejor de relajarse si se concede a sí misma permiso para deshacerse de la tensión. Por lo tanto, después de respirar profundamente y de tener conciencia de sus músculos, dígase a usted misma que tiene que dejar que se vaya la tensión en vez de ordenarle que se marche. Los procedimientos de relajación correctamente inducidos le recordarán que le conviene avanzar lentamente en la selección de cómo desea actualizar usted su respuesta de Campanita.

LISTAS DE PENSAMIENTO

Hacer listados de pensamientos es un procedimiento sencillo pero sumamente efectivo para controlar sus respuestas de Wendy, además de guiar el desarrollo de su respuesta de Campanita. Cuando practique por primera vez este procedimiento, elija una situación que sea multifacética y relativamente no emocional. Salir de compras sería una elección excelente. Usted tendrá muchos pensamientos diferentes que listar, no importa la clase de expedición de compras que emprenda.

Cuando regrese de la actividad elegida, tómese unos cuantos minutos de su programa de actividades para hacer la lista de los pensamientos que recuerde haber tenido. En este caso, los sentimientos también cuentan como pensamientos; si usted no recuerda alguno, no se preocupe, porque volverá sin duda a aparecer.

Conserve todas sus listas en una sección de un diario personal. Cuando tenga unos momentos para reflexionar, revise sus listas de pensamientos y señale los que se repiten. La repetición de pensamientos y sentimientos puede decirle algo acerca de la dirección que toma su vida o la que usted quiere que tome. De ese modo, si una sensación de encontrarse bajo presión parece repetirse, puede haber en su vida algo que haya que cambiar. Si sus pensamientos a menudo derivan hacia cambiar de casa o conseguir un empleo nuevo, es menester realizar una evaluación crítica de su vida cotidiana. Quizás usted se preocupa constantemente de sus hijos; debería pensar en alterar su estilo de ser madre.

La lista de pensamientos es una forma rápida y fácil de evaluar su vida. Aunque no le dará un alivio directo, puede orientarla en la dirección que usted necesite seguir. Eso puede ser inestimable.

DETENCION DE PENSAMIENTOS

Si descubre que ciertos pensamientos desagradables o improductivos están invadiendo su vida diaria, puede usar un procedimiento sencillo para detenerlos. La detención de pensamientos significa la intromisión voluntaria de autoinstrucciones abiertas —vea la sección dedicada a ello más adelante— con el propósito de interrumpir la progresión de un pensamiento.

Funciona de este modo: Usted está conduciendo el automóvil o va a una reunión social. Su voz de inferioridad se combina con su preocupación social para dar origen al siguiente pensamiento: "¿Y si nó les gusto? Es importante reemplazar ese pensamiento negativo por uno positivo. Sin embargo, antes que usted pueda hacer eso, el pensamiento negativo debe ser detenido. Una forma rápida de detener el pensamiento es decir "Basta" en voz alta. Usted hace una declaración abierta, indicando lo que desea que su cerebro haga. Desde la perspectiva psicodramática, su Campanita está diciéndole a su Wendy que se calle. —Esto no es lo mismo que decirle a Wendy qu ese vaya—.

Decir "Basta" en voz alta es muy efectivo. Con ello, interrumpirá la progresión de su pauta de pensamiento. Puede continuar usando la detención de pensamiento tan a menudo como le resulte cómodo decir abiertamente "basta", aunque sea en un susurro. Sin embargo, la sola detención de pensamientos no borrará de su mente un pensamiento negativo. Usted tendrá necesidad de reemplazar los pensamientos negativos con positivos. "Yo soy una persona agradable y simpática. Algunos me querrán, otros no. Yo seré simplemente yo; eso es todo lo que puedo hacer." Cuando se usan juntos, el listado de pensamientos, la detención de pensamientos y la emisión abierta de instrucciones, le dan la oportunidad de alterar el curso de sus pensamientos.

GRABACION

Para una persona puede ser embarazoso escuchar una grabación de su propia voz. Pero para la mujer que desea examinarse para saber si tiene una respuesta de Wendy, es muy útil. El desafío de usar esta técnica es la incomodidad del equipo necesario. Sin embargo si usted quiere aprovechar toda oportunidad posible, encontrará muchas ocasiones en que querrá grabar su voz. Grabe una reunión de negocios, su parte de una conversación telefónica —no olvide decirle lo que está haciendo a la otra persona—, la visita de una amiga o una conversación general cuando esté tranquila en su casa. La única precaución es proteger su intimidad.

Trate sus grabaciones como trata su diario. Tienen que ser usadas para observar crítica y constructivamente su conducta verbal. Si invita a una amiga íntima para que la ayude a encontrar respuestas de Wendy, deberá estar un noventa y nueve por ciento segura de que ella —o él— no traicionará su confianza. Es inmensamente útil formar un equipo con una persona así, cada una dispuesta a evaluar su conducta respectiva.

Otras orientaciones para el uso de esta técnica: Esté atenta a la aparición de palabras y frases de "poder"; por ejemplo, "El me permite", "¿Qué voy a hacer con él?", "¿Cómo puedo hacer que él...?". Preste atención a las cualidades de voz que la hagan sonar ominosa o asustada. Compare ciertas frases repetidas con los pensamientos anotados en su lista, y busque similitudes que puedan indicar ideas que deban ser examinadas con más atención. Si usted guarda ciertas cintas para nuevas revisiones, hágalo en un lugar privado. No use sus grabaciones para escuchar subrepticiamente a otras personas. Si alguna vez visita a un consejero, no deje de grabar y guardar todas las conversaciones.

EL GAMBITO DE GARLOCK

No hay decenas, sino centenares de libros que tratan el tema de la afirmación de la personalidad. En esta sección, daré algunas sugerencias que han surgido de años de trabajo con mujeres que necesitaban ayuda para afirmar su personalidad. Estas técnicas fueron ideadas por Nancy Garlock Kiley, mi esposa. Debido a que promueven una postura favorable para usted dentro de una lucha interpersonal de poder, yo las agrupo bajo el título de El gambito de Garlock. Recomiendo con insistencia que el gambito de Garlock no sea usado en ninguna interacción con un amigo íntimo, con el marido o el amante.

La clave del gambito de Garlock más universal es tomar el control al comienzo de una interacción haciendo una afirmación que la ponga inmediatamente a usted en una situación ganadora. Por ejemplo, cuando debe devolver un objeto y espera cierta dificultad, puede llevar al máximo sus posibilidades de éxito usando esta gambito: "¿Va a acreditarlo en mi cuenta o me devolverá el dinero?". Usted le ha dado a la otra persona una oportunidad de salvar la cara, mientras que aumentó sus posibilidades de obtener lo que usted deseaba. Lo mejor de todo es que, en el proceso, usted puede sonreír.

El gambito ganador puede ser usado en situaciones de confrontación suave, pero reserve el gambito siguiente para situaciones en las que no la traten con amabilidad. "Entonces, lo que usted está diciendo, señor —o señora— es que su posición no me deja ninguna alternativa. Usted me está obligando a perder mi integridad." Esto debe ser dicho con severidad y con un asomo de indignación. Este gambito es un uso calculado de la tendencia a sentirse culpable que tiene la mayoría de la gente. Uno de los problemas de esta estrategia solapada es que quien la usa puede sentirse culpable de tratar de hacer sentir culpables a los demás. Este gambito debería reservarse para situaciones en las que la insensibilidad de la otra persona sugiere que él o ella merecen que se les haga descender uno o dos peldaños en la escala del respeto.

Una tercera dimensión del gambito de Garlock contiene el uso juicioso de una pregunta capciosa. Debe ser usada exactamente como se indica, y usted debe estar preparada para entrar en una extensa conversación en la que reinará la confusión. Note cómo su petición puede estar oculta dentro de una seudopregunta: "¿Usted no desea darme mi dinero?". Si la persona dice no, entonces usted puede decir: "Bien, me alegro de que estemos de acuerdo." Si él o ella dice sí, usted puede replicar: "Excelente, eso me hace sentirme bien." No hay forma de responder lógicamente a esa pregunta. No importa cuál sea la respuesta, usted puede elegir la interpretación que desea.

El gambito de Garlock es un "juego" a utilizar mientras usted no sea perfectamente abierta y sincera en lo relacionado con sus deseos. Advertencia: El uso del gambito debería ser reservado para situaciones en las cuales la promoción de uno mismo sea, en realidad, autoprotección.

AUTOINSTRUCCION ABIERTA

La autoinstrucción abierta es la versión refinada del poder del pensamiento positivo.

Se puede usar la autoinstrucción abierta de muchas maneras. He aquí la forma como se usa para acallar la silenciosa voz de inferioridad: Cuando usted se encuentra en una situación en la cual se siente intimidada, la voz de inferioridad se activa y dice: "No soy lo suficientemente buena para solucionar este problema." Usted contraataca diciendo: "Soy una buena persona y dedicaré a esta situa-

212

ción toda mi atención." Suena demasiado fácil ¿verdad? Bueno, es fácil, excepto que usted debe formular el pensamiento positivo en voz alta y a menudo.

La elección del momento adecuado es el obstáculo mayor en la autoinstrucción abierta. Funciona mejor si da una autoinstrucción abierta inmediatamente antes del comienzo del encuentro. Dígase a sí misma que es una persona eficiente justo cuando vaya a responder el teléfono, entrar en una habitación, conocer a una nueva persona, comenzar una reunión difícil o iniciar una conversación. A medida que mas use la autoinstrucción abierta, menos tendrá que decirlo abiertamente. Cuando la declaración positiva se convierte en hábito, funcionará aunque lo diga silenciosamente.

Puede probar el poder de la autoinstrucción abierta en cualquier momento. Ahora, por ejemplo. Simplemente, aparte la mirada de este libro y diga en voz alta: "Yo soy una buena persona y merezco ser feliz." Notará un inmediato aumento de calidez dentro de usted. Dígalo otra vez y note cómo se siente. El poder que experimenta viene de afirmar su bondad esencial. Duplicará el efecto si practica simultáneamente relajación y autoinstrucción abierta.

La belleza de la autoinstrucción abierta es que resulta fácil, pero es igualmente poderosa. La dificultad es que requiere que se entregue a una actividad simplista, infantil. Pero eso es necesario. Recuerde que la voz de la inferioridad se condicionó cuando usted era una niña. El contracondicionamiento de la autoinstrucción debe ser sencillo e infantil. Cuando usted dice que es buena, está hablándole a la niñita asustada que lleva dentro. Debe usar un lenguaje llano que ella pueda entender.

SILENCIO

El silencio puede ser la técnica de promoción de uno mismo más potente. Es de lejos, la más difícil de emplear. Su aplicación real es más fácil que la autoinstrucción;

sin embargo, puede tener un alcance más largo que las otras. Según las circunstancias, puede ser visto como escepcionalmente agresivo. Si no se usa con cuidado, puede causarle problemas.

Imagínese usted misma sentada a una mesa con un grupo de mujeres. La conversación gira en torno de las travesuras del sexo opuesto. Una de sus conocidas, con un tono de leve sarcasmo, la mira directamente y dice: "Vaya, tu niña puede ser infantil de veras. La otra noche, en la cena, estuvo tratando de hacer reír a la gente produciendo esos sonidos tontos. ¿No te dieron ganas de abofetearlo?"

Digamos que su reacción instantánea es pensar que esa mujer ha llegado demasiado lejos con su comentario. Pero todas las otras mujeres están esperando que usted responda, y usted no sabe qué hacer. En ese momento, la cosa más difícil de hacer, pero la que tendrá el máximo impacto, sería mirar directamente a los ojos de la mujer, inclinar ligeramente la cabeza a un lado y, con una expresión neutra, no decir nada. El silencio equivaldrá a un millar de palabras, todas con un mismo significado: "Eso que has dicho ha sido una tontería." Ese uso del silencio puede ser fácilmente interpretado como un acto de agresión. Por lo menos, traerá frío a cualquier conversación. Cuando emplee usted el silencio como una estrategia interpersonal, es una buena idea no dejar que dure demasiado. En la situación que acabo de describir, cinco segundos de helado silencio parecerían toda una vida. Usted puede imponerse si a ese silencio lo sigue de una disminución de la tensión. Por ejemplo diga, "Mi marido tiene derecho a ser tonto sin que yo necesite abofetearlo." Un pequeño toque de humor —"De todos modos, hacerlo quedarse un rato en un rincón es un castigo mejor"— suavizará y alisará las plumas encrespadas. Cuando se usa de este modo, el silencio rompe el impulso de este tipo de conversación y a usted le permite apuntar hacia una nueva dirección.

Un uso más moderado del silencio puede ser, simplemente no responder a un vendedor pesado o a un emple-

214

ado con excesivo celo. Acompañar su silencio con cierta expresión en los ojos es una buena manera de afirmar su posición. Un encogimiento de hombros y una expresión adecuada también pueden ser útiles. La ansiedad inducirá a la otra persona a moderar su posición, permitiendo que usted le dé una nueva dirección a la conversación. El silencio también es una herramienta excelente para usarla con un pariente molesto o pesado.

IGNORANCIA ACTIVA

La ignorancia activa es otra forma de afirmación personal. Tiene muchas de las características del silencio. Se usa para redirigir una conversación, puede ser igualmente agresiva y es muy efectiva dentro del contexto apropiado. La ignorancia activa es, en realidad, una forma estratégica de cambiar de tema. Tiene muchas áreas de aplicación, desde desconocidos molestos hasta parientes entrometidos.

Volvamos a la conversación considerada en la última sección. Si a usted le gustara ser más sutil al responder al sarcasmo, es así como debería emplear la ignorancia activa: una vez que la mujer termine su comentario, mírela gentilmente unos dos segundos, después vuelva su atención a otra persona del grupo, y diga: "Sabes, esta comida no es mala." Obviamente, cualquier comentario general dirigido a otra persona contiene su mensaje.

En efecto, al ignorar activamente un comentario indeseable, usted ha dicho: "Yo no dignificaré esa afirmación con una reacción." Si usted tiene una historia de debilidad en afirmación personal, entonces la ignorancia activa, acompañada de humor, puede ser una forma excelente de buscar una mejoría. Sin embargo, cuando empieza a promoverse usted misma, sus amistades y conocidos pueden no entender. Hasta pueden ver su afirmación como una señal de que hay algo que la está perturbando. Un repaso al capítulo 21 la ayudará a entender la confusión de ellos.

GRUPOS DE AUTOAYUDA

Las técnicas vistas en este capítulo están pensadas para fortalecer su respuesta de Campanita. Como se ha dicho, puede llevarlas a cabo con poca o ninguna ayuda de otra persona. Sin embargo, hay otra técnica de promoción que está volviéndose crecientemente importante en el mundo moderno. Toma su energía de la fuerza añadida de promoverse dentro de un grupo donde cada miembro busca una meta similar. Esa técnica es la participación activa en un grupo de autoayuda.

Unirse a un grupo de autoayuda puede significar la diferencia entre leer o hablar acerca de cambiar su vida y hacerlo efectivamente. Un grupo de personas —habitualmente de siete a doce— dedicadas todas al mismo objetivo que usted, tiene un dinamismo que es mayor que la suma de sus partes. Los miembros de un grupo de autoayuda se ayudan unos a otros a fijar metas específicas y superar obstáculos. Sus reuniones regulares están llenas de información actualizada, aliento y crítica constructiva. Mejor aún, los miembros comparten su dolor y conmoción y ofrecen simpatía y apoyo.

19

Empiece una relación
en la pista correcta

"Yo estaba enamorada de la idea de enamorarme. Tuve que crecer mucho antes de poder percibir la diferencia entre un asunto pasajero y una relación."

Millares de mujeres sin pareja tienen una experiencia similar. Salen con un hombre cuatro o cinco veces, lo pasan muy bien, se sienten muy esperanzadas en la posibilidad de tener una relación duradera y, con poca o ninguna advertencia, un buen día no vuelven a tener noticias de él. Lo último que parecen recordar de lo que dijo es: "Te llamaré la semana que viene." Algunas se enfurecen; todas quedan confundidas. Se lamentan: "Los hombres tienen miedo de comprometerse en una relación." No pueden evitar exprimirse la memoria en busca de algo que estuviera mal. Aunque pueden ser bastante maduras, no son capaces de resistir la tentación de preguntarse qué hicieron mal ellas.

Ellas pueden no haber hecho nada mal, a menos que se considere mal ser una romántica incurable. Sin embargo, con mucha frecuencia, la equivocación es trabajar con demasiado empeño en la búsqueda de alguien de quien enamorarse. Muchas mujeres creen que, como diría la doctora Penélope Russianoff, no son nada sin un hombre.

Muchas mujeres caen en la trampa de Wendy por recoger el dulce fruto del amor antes que haya tenido tiempo de madurar. La consiguiente incertidumbre del romance es perturbadora. Son impulsadas, por sus no resueltas necesidades de dependencia, a encontrar a alguien que las ame. En su prisa por hallar seguridad, tratan de conseguir a la fuerza que un encuentro o un conocimiento casual se convierta en una relación profunda, antes que haya llegado el momento adecuado. Al proceder así, le comunican involuntariamente al hombre una sensación de urgencia. Tienen prisa por llegar a un arreglo especial que las proteja del rechazo. A su modo, la Wendy también tiene miedo de un compromiso adulto. Culpando al hombre, pierde de vista su capacidad para resolver el problema.

La Campanita no siente pánico ante la incertidumbre del romance. Ella cree sinceramente que su mejor oportunidad de encontrar una relación duradera es no trabajar con mucho empeño para lograrla. Esa es la clave para iniciar una relación en la pista correcta. La historia de Holly es un buen ejemplo.

Holly había sido una Wendy durante veinte años. Había servido a su marido con inclaudicable devoción. Absorbía el desenfrenado machismo de él sin una queja. Su experiencia de tocar fondo se centró en sus hijos. Vio claras muestras de que su hijo de trece años seguía las huellas de su marido. Con considerable angustia y haciéndose aconsejar, Holly obtuvo el divorcio.

Holly tenía cuarenta y cinco años cuando se instaló en un apartamento con sus dos vástagos adolescentes. Su empleo de oficina, junto con la pensión para manutención de los hijos, le daba apenas dinero suficiente para pagar las cuentas del mes. En su presupuesto no había lugar para visitas al salón de belleza, el club de tenis o su tienda de ropa favorita. Pero Holly estaba decidida a librarse de las restricciones que la habían tenido esclavizada. El cambio fue lento y doloroso; ella tenía más de cuarenta años de condicionamiento que superar. Ansiaba tener una relación amorosa saludable, pero no quería entregar su libertad a cambio de un hombre.

Holly conoció a varios hombres a los que encontró atractivos. Salió con ellos, se acostó con ellos y, cuando empezaron a comportarse como niños, los abandonó. Después de varios meses de esta experiencia, decidió que buscar a un hombre no valía la pena. Estaba muy contenta con su nueva vida y no la atormentaba la conclusión de que probablemente nunca volvería a casarse. Después de todo, la opinión popular era que los hombres querían mujeres atractivas más jóvenes que atendieran sus deseos infantiles. La independencia de ella era demasiado preciosa para dejarla volar. Le llevó algunos años más, pero Holly se había convertido en una Campanita. Entonces, cuando no estaba buscando, conoció a Greg. El era un divorciado reciente. Después de veinticinco años de matrimonio, no estaba demasiado ansioso de tener una relación seria. Comprendió que tenía que crecer un poco. El y Holly simpatizaron. En la primera cita, hicieron el pacto de que ninguno trataría de controlar al otro. Tuvieron largas conversaciones acerca de cómo el control irrazonable había destruido los matrimonios de los dos.

Pronto tuvieron oportunidad de poner en práctica el pacto. Cuando Holly tuvo problemas con su ex marido, Greg quiso llamarlo y decirle que la dejara tranquila. Holly, cortés pero firmemente, le dijo a Greg que ella podía manejar a su marido; él se disculpó. Cuando Greg se quejó de que en la lavandería le planchaban mal las camisas, Holly dijo que ella las llevaría a su casa y haría las cosas bien. Greg le dio un ligero beso en la mejilla y le dijo que él podía encargarse de sus propias camisas; Holly se disculpó.

Greg y Holly lograron respetarse mutuamente. Alcanzaron un nivel de entendimiento y comunicación que muchas parejas no alcanzan nunca. Aprendieron una lección muy importante: cómo contar uno con el otro sin volverse dependientes.

Todavía no recuerdan en qué punto llegaron a la misma conclusión: estaban enamorados. Fueron comprensiblemente cautelosos para revelar sus sentimientos. No se dieron cuenta enseguida de lo que ocurría porque ninguno de los dos había conocido jamás el amor adulto. Fue una experiencia abrumadora para ambos. Eran personas adultas, pero se sentían como niños. Sabían cómo ir, tomados de la mano, hasta la Tierra de Nunca Jamás y divertirse mucho, y después, cuando fuera hora de afrontar la realidad, sabían también como regresar.

El comentario de Holly contiene una importante lección para todas las postulantes a Campanita. "Yo no creo lo que me ha sucedido. Justamente cuando empiezo a aprender a confiar en mí misma y a vivir sin un hombre, descubro el amor."

Si actualmente usted está "sin compromiso", pero tiene interés en vivir una relación amorosa, debería saber que una Campanita no se queda sentada, esperando que aparezca el amor en su vida. Ella debe trabajar para controlar su propio destino. Cuando se libera de ocultarse detrás del control sin razón de otra persona, desarrolla un sentido de ser dueña de sí misma. Ella sabe dónde está en relación con los demás, especialmente con el hombre de su vida. La Campanita aprende a reconocer las señales que indican el fundamento de una relación productiva y duradera. Del mismo modo, puede identificar pistas que indiquen el comienzo del dilema de Wendy. Aunque usted pueda exhibir algunas respuestas de Wendy, puede dar un paso importante para convertirse en Campanita y resolver el dilema de Wendy prestando mucha atención a la conducta suya y de su pareja durante las etapas iniciales del encuentro. De ese modo, tiene una oportunidad excelente de desactivar su temor al rechazo y de iniciar la relación en la pista correcta.

Hay señales de una relación Peter Pan—Wendy que aparecen poco después que un hombre y una mujer se conocen. Pasaré revista a esas señales, junto con ejemplos y consejos sobre cómo puede convertir la situación equivocadamente maternal en una oportunidad de crecimiento adulto. Una de mis pacientes, una Campanita en entrenamiento, estaba tan entusiasmada con poder identificar y beneficiarse de los problemas presentes en las primeras etapas del noviazgo, que también ayudó a su pareja a aprender de las mismas situaciones. No denigraba a su compañero ni se reía de él, pero con una actitud llena de humor y simpatía, decía: "Sabe usted, cuando un chico se interesa por primera vez en una mujer, es muy fácil de entrenar."

La señal de inmadurez y de oportunidad de crecimiento difieren según la fase del noviazgo. La siguiente revisión y las recomendaciones dan por sentado que está dispuesta a evaluar críticamente no sólo la conducta de su pareja sino también la suya.

NARCISISMO

El narcisismo es a menudo una parte de una relación inmadura. Cierto grado de narcisismo hasta puede ocurrir en una relación madura. Si es reconocido y comprendido, no tiene por qué ser un obstáculo para el amor adulto.

El narcisismo es un concepto difícil de definir. Los doctores Kernberg y Kohut, que han estudiado el narcisismo durante muchos años, coinciden en ciertos índices de conducta. El narcisista tiene disminuida su capacidad de sentir simpatía y dar amor. La explotación de otros para beneficio personal e ideas grandiosas caracterizan la pauta de vida del narcisista. Esas son las características de un narcisista severamente perturbado. Es probable que la clase de narcisismo que encontrará usted sea más benigna; se limitará a una autoimportancia exagerada como método de defensa contra sentimientos de inferioridad.

Kernberg enfatiza que el narcisista tiene muchos sentimientos de inferioridad, y que en su mayor parte, la conducta narcisista está encaminada a ocultar esos sentimientos. Aunque la mayoría de los escritos sobre el narcisismo parecen sugerir que es una característica predominantemente masculina, la mujer Wendy exhibe una conducta narcisista cuando se oculta detrás de la imagen maternal, fingiendo ser competente, pero, en realidad, temerosa de quedar expuesta al rechazo.

Si usted es, o desea ser, una Campanita en entrenamiento, necesitará estar en guardia ante la posible aparición de narcisismo durante todas las fases del noviazgo. Puede adoptar distintas formas. He aquí algunas.

Apaciguamiento

¿El la apacigua a usted? ¿Usted lo apacigua a él? Cuando el apaciguamiento sucede en una conversación normal, una persona está diciéndole a la otra: "Yo reconozco que tú no eres tan maduro como yo, de modo que te daré la razón." El apaciguador, en defensa de sentimientos de inferioridad, se asigna a sí mismo —o a sí misma— una posición superior, y trata al compañero como si fuera un niño pequeño e ingenuo.

Veamos el siguiente fragmento tomado de una conversación de una pareja de novios. ¿Le recuerda algo conocido?

Ella tenía poco más de veinte años y él, por lo menos, cuarenta. Estaban en un reservado de un rincón de un restaurante, hablando como si ellos fuesen las dos únicas personas en el mundo.

MUJER: Me encantaría tener un abrigo de piel como el de esa mujer.

HOMBRE: (Sorprendido): ¿De veras?

MUJER: Por supuesto, muchas mujeres sueñan con tener un abrigo de piel.

HOMBRE: (Más sorprendido aún): ¿De veras?

MUJER: Oh, sí. Nos hace sentirnos muy especiales.

HOMBRE: (Inclinándose hacia delante y estrechándole la mano): ¡Caray!

El hombre tenía poco más de cuarenta años, vestía como recién salido de la portada de una revista de moda masculina, estaba cenando en un lujoso restaurante de Los Angeles y fingía no saber que algunas mujeres sueñan con un abrigo de piel. Peor aún, la mujer seguía con la charada. Unos quince minutos más tarde, cuando tuvo lugar el diálogo siguiente, parecía que ella seguía con el mismo juego:

HOMBRE: (Entusiasmado): Me encantaría tener mi propio avión.
MUJER: Oh, ya lo sé.
HOMBRE: ¿Cómo sabes que quiero tener un avión?
MUJER: (En tono maternal): Porque así sois los hombres. Tú quieres tener tu avión como yo quiero tener mi abrigo de piel.
HOMBRE: Dios mío, tú sí que eres una mujer comprensiva.

Mi reacción a esta escena hubiera sido: "¡Por qué no dejáis de jugar como párvulos!"

Estos dos "chicos" estaban haciendo un trabajo excelente a fin de evitar la comunicación adulta. Se escondían detrás de un escudo de fingida madurez, apaciguándose el uno al otro. Fingiendo ignorancia seguida de sorpresa, el hombre se ponía en una postura magnánima. Más tarde, podría decirse a sí mismo: "Mirad qué mayor que soy. Le hice creer a la pobre mujercita que ella podía enseñarme algo."

La mujer aplacaba al hombre. Se colocaba en la posición de madre del muchachito ingenuo, explicándole cómo funciona el mundo. Más tarde, ella podría pensar: "Contemplad, qué maravilla soy. Pude ayudar a un hombre a lograr una comprensión mejor de la relación entre hombres y mujeres". Ninguno de los dos advertía que se habían colocado ellos mismos sobre pedestales porque temían ser vulnerables.

Si usted se encuentra a sí misma o a su pareja atrapados en el apaciguamiento, podrá librarse del complejo de inferioridad/superioridad empleando una combinación de estrategias. Silencio, confrontación, humor y cambiar de tema son métodos efectivos para solucionar el apaciguamiento.

Cuando oiga evidencias de apaciguamiento, permanezca callada unos segundos y después cambie de tema. La joven del restaurante hubiese podido usar el humor para echar cara al narcisimo de su compañero. Cuando él expresó sorpresa ante la sugerencia de que a algunas mujeres les gustaban las pieles, ella pudo replicar en tono gentil: Vamos no juegues conmigo. No estoy en primer grado y tú tampoco."

Este tipo de confrontación hubiera podido llevar a la pareja a una conversación productiva. Ellos estaban tratando de impresionarse mutuamente porque se sentían un poco nerviosos. Una revelación sincera de sentimientos habría detenido el narcisismo y puesto nuevamente la relación sobre terreno sólido. Si ellos continuaron con su mutuo apaciguamiento, debió de ser solamente una cuestión de tiempo antes que la relación se rompiera y los dos quedaran decepcionados y arrepentidos.

Jactancia

La mujer Wendy tiende a considerar la jactancia de su compañero como una necesaria "cosa de hombres". Campanita, por otra parte, se da cuenta de que cuando un hombre fanfarronea o se jacta, se pone en una posición superior a ella. En esa posición, él deja de escuchar y, con gran frecuencia, "se lleva" la conversación lejos de ella. Una mujer me explicó cómo su compañero alejaba la conversación de ella porque estaba muy ocupado jactándose de sí mismo.

"Fuimos a cenar a ese restaurante realmente bonito. Yo había tenido un día muy interesante en el trabajo y hervía de deseos por compartirlo. No pasaron dos minutos desde que empecé a hablar de cómo yo había menejado una delicada cuestión personal cuando él me interrumpió y empezó a hablar de cómo él había manipulado a unos clien-

224

tes para que compraran una mercancía que ni siquiera necesitaban."

"Yo seguí allí como una roca mientras él continuó hablando quizá durante treinta minutos. No sólo me brindó una historia completa de cómo había persuadido a esos tipos que tan listos se creían, sino que me habló de todos los "juguetes" nuevos que habían comprado recientemente. Estábamos por la mitad de la comida cuando por fin yo pude decir una palabra. Pero entonces me sentí tan disgustada con él, que ni siquiera quise compartir mi historia."

Esta mujer toleró el narcisismo y los malos modales de su pareja. Ese fue su error. Si hubiese querido poner su relación en la pista correcta, tendría que haberle explicado que ella tenía algunas cosas importantes que compartir y que quería que él escuchara. Como Campanita, hasta pudo haber explicado exactamente lo que esperaba. "En realidad, quiero que te quedes callado y compartas mi día. Quiero que aprecies mi experiencia todo lo que puedas." Si de igual forma él la hubiese interrumpido, ella hubiera podido decir: "Por favor, no me interrumpas ahora. Necesito hablar."

Una confrontación todavía más directa fue necesaria para otra mujer, cuyo compañero no era un buen oyente. No sólo él se adueñaba de la conversación —una vez ella trató de hablarle de sus nuevos zapatos y él le dijo que el color no era tan lindo como el de los de él— sino que también despreciaba la opinión a las amables explicaciones y recomendaciones de ella. Por fin, ella se sintió tan exasperada que se enfrentó directamente: "Tú dices que me quieres, pero en realidad me tratas como si fuera basura. Me desprecias y te ríes de mí, y estás tan ocupado pensando en ti que yo muy bien podría no existir. Demuéstrame un poco más de consideración, o no quiero volver a saber nada más de ti."

La siguiente es una de mis historias más instructivas. Presenta a una mujer que estaba en camino de convertirse en una Campanita. Había estado saliendo varias semanas con un hombre. Eran una pareja que parecían disfrutar sinceramente de la mutua compañía. Nótese el velado narcisismo en el relato que hace ella de un incidente crítico.

"Fuimos a cenar el miércoles y regresamos a mi apartamento para hacer el amor. Pasamos una noche deliciosa. Cuando él se marchó, dijo que me llamaría ese fin de semana."

"Como él no llamó el viernes ni la mañana del sábado, yo hice otros planes para esa noche y el domingo."

"El me llamó el lunes por la noche y empezó a dar excusas por no haber llamado el fin de semana. Yo no dije mucho. Entonces, él me agradeció que no me hubiera enfadado con él por no llamarme el fin de semana."

"En realidad, yo no estaba enfadada con él hasta que él hizo ese estúpido comentario. Entonces me enfurecí. No podía creer que él fuese tan egocéntrico. El creía realmente, que yo no tenía nada que hacer en mi vida a parte de sentarme a esperar a que él me llamara. Y como él no llamó, pensó que yo estaría terriblemente alterada."

"Yo le dije que me molestaba su actitud hacia mí y que, si bien yo le tenía aprecio, ciertamente él no era para mí el centro del universo. Creo que eso le molestó mucho."

Impulsividad

El narcisismo puede llevarle a usted y a su compañero a actos impulsivos. El se siente muy entusiasmado por lo bien que lo está pasando, de modo que dice que la ama y que quiere casarse con usted. Sin embargo, eso es lo último que oye de él en dos semanas. Usted se entusiasma tanto con su despertar sexual que accede a ir con él de vacaciones a las Bahamas. A la mañana siguiente, usted lamenta su impulsividad.

Cuando está convencida de que su actual pensamiento es la verdad absoluta, a menudo el resultado es la conducta impulsiva. No es justo llegar a la conclusión de que su compañero mintió al decir que la amaba o que usted fue una inmoral cuando dijo que quería pasar un fin de semana alternando entre tomar baños de sol y hacer el amor. Es correcto decir que usted se dejó llevar por los placeres del momento. Eso no la hace ser una mala mujer, sólo humana.

La única forma racional de recuperarse de esta forma relativamente benigna de narcisismo es ser sincera. Su compañero no necesita rogar que lo perdonen; simplemente, necesita admitir que, en el momento, él quería casarse con usted; desafortunadamente, el momento no duró. Y usted no tiene que justificar el hecho de que lo mismo es una mujer moderna, pese a su reticencia a hacer el amor a cada momento de unas soñadas vacaciones. Usted, simplemente, tiene que admitir que, en el momento quería hacer el amor los siete días de la semana.

La honestidad entre enamorados es un afrodisíaco. Es sensual, seductora, estimulante, y promueve la pasión y la duración. Lo mejor de todo, es tan especial que los amantes honestos pueden hacer el amor durante centenares de horas, descubriendo constantemente algo nuevo el uno del otro.

MATERNIDAD

Nunca olvidaré a la mujer que me enseñó cómo cualquier mujer puede identificar, con absoluta certeza, que su pareja puede volverse fácilmente un Peter Pan y seducirla para que ella se convierta en su Wendy. Lo explicó de esta manera:

"Habíamos estado saliendo varias semanas y él me resultaba encantador y afectuoso. Era divertido estar con él, aunque tenía tendencia a ser un poquito egocéntrico. Yo trataba de ignorar su inmadurez porque parecía ser muy gentil."

"Toda mi perspectiva cambió después que me llevó a cenar a la casa de sus padres. Eran personas maravillosas. El padre era un encanto y la madre, aunque un poco formal, muy amable."

"Puede imaginar mi sorpresa cuando ella me llevó a la cocina y dijo: 'Eres muy buena con mi hijo. Desde que sale contigo, él se comporta como un caballero. Realmente, tú lo estás ayudando a corregirse. No sé lo que hubiera hecho con él.'"

Esta mujer recibió claramente el mensaje de que la madre de su amigo todavía se sentía responsable de educar a su hijo. Podría decirse que estaba pasándole la antorcha de la maternidad a la amiga de su hijo. A su manera, la madre le dio a la mujer una señal de que la relación estaba empezando en la pista equivocada.

Una señal todavía más clara de que su relación está tomando la dirección incorrecta puede venir de sus propias sensaciones, siempre que sea sensible a ellas. La señal de advertencia estará contenida en percatarse de que se siente maternal hacia su compañero. Es una emoción multidimensional, arraigada en una variedad de circunstancias.

- Parece estar dándole constantemente atención sin recibir ninguna a cambio.
- Siente las debilidades de él, pero como él se oculta de las mismas, usted siente que no debe criticarlo.
- La actitud fanfarrona de él y su carácter de "macho" le recuerda a los muchachos que conoció en la secundaria.
- Cuando usted lo critica, él tiene una forma de hacerla sentirse culpable de abrir la boca.
- Cuando él se disculpa por una equivocación, usted siente pena por él.

Cualquiera de esas circunstancias puede atraerla a usted hacia la trampa de Wendy. Si usted es sincera con usted misma, debería ser capaz de identificar una respuesta de Wendy y tomar medidas para remediarlo. Afronte cada circunstancia a medida que ocurra, asegurándose de comunicar sus pensamientos y sentimientos tan claramente como pueda. Además, dígale a su pareja que a usted le gustaría que él mejorara la situación. Del mismo modo, esté dispuesta a admitir sus defectos y a hablar de los que piensa hacer para corregirlos.

Una mujer vino a consultarme varias semanas después de conocer a un hombre al que ella creía amar y con el que pensaba que quería casarse. El hecho de que muchas de sus amigas y compañeras de trabajo estuvieran divorciándose le asustaba. Ella pensó buscar consejo a fin de evitar un destino similar. Resumía su objetivo de esta manera: "Quiero que usted me dé lecciones de 'segunda esposa'. He oído decir que la segunda esposa no recibe al mismo muchachito que tiene que soportar la primera. Déme lecciones de segunda esposa para que yo pueda saber cómo evitar las trampas de un primer matrimonio. Yo no quiero ser la segunda esposa de nadie." El convertirse en una Campanita le dio la protección que ella buscaba.

20

Qué se debe esperar
cuando se cambia

*"Estoy cambiando todos los días. Estoy segu-
ra de que la mayoría de mis amigas piensan
que estoy chiflada. Pero es demasiado tarde
para volverse atrás. Ellas tendrán que adaptarse."*

En su camino hacia el dominio de sí misma. Campanita comete un montón de equivocaciones. Reacciona
excesivamente a la injusticia, habla antes de haber puesto en orden sus pensamientos, y ocasionalmente se obliga a actuar, cuando la mejor alternativa es la relajación.
Pese a sus defectos, Campanita avanza en la dirección
correcta. Se convierte en la mejor persona que ella puede
ser.

Aunque hay muchos beneficios positivos que resultan de la conversión en Campanita, algunos son a largo plazo. A corto plazo, a veces las cosas empeoran antes de
mejorar. Viejos amigos se vuelven extraños, nuevos amigos se vuelven personas con las que no se puede contar,

231

y nuevos temores reemplazan a los antiguos. Si usted está en el proceso de resolver el dilema de Wendy, será conveniente que considere algunos de los obstáculos que debe superar antes de convertirse en una Campanita.

UNA NUEVA IMAGEN DE SI MISMA

Muchas mujeres no se percatan de que han vivido con una imagen negativa de sí misma. Al convertirse en Campanitas, superan gradualmente la voz silenciosa de la inferioridad y la reemplazan por una voz de autoestima. "Yo soy una buena persona y merezco ser amada." Con atención diaria, la nueva autoimagen estimula nuevas formas de tratar viejos problemas. Pautas de resolución de conflictos más efectivas alimentan la nueva imagen de sí mismas.

Cuando su nueva imagen controla su vida, usted puede esperar un efecto de "montaña rusa". Es decir, las alturas que acompañan una imagen positiva, a menudo llevan a caídas que ocurren cuando la imagen antigua y negativa levanta la cabeza. Es beneficioso comprender que, debido a que usted es una criatura de hábitos, su vieja imagen negativa está acechando en su memoria, esperando el momento adecuado para tomar el control de su vida.

Cuando usted llega a la cima de una montaña rusa, experimenta un estremecimiento de emoción. Junto con la excitación está la conciencia de encontrarse en una posición precaria. Sabe que debe bajar, pero no está segura de lo que va a pasar, de cuánto caerá y de cómo reaccionará cuando caiga. La nueva imagen le dará una doble sensación de excitación y aprensión. "¿Qué pasa si caigo?" es la amenaza estimulada por los resabios de la vieja imagen.

Si espera este sentimiento de pérdida, puede anticiparse al mismo y no desalentarse cuando se presenta.

Cuando usted entiende su propia naturaleza como un ser humano, adquiere tolerancia para retrocesos temporales, o sea las caídas de la montaña rusa. Es propio de la imagen nueva evaporarse a veces, a menudo cuando más la necesita. Sin embargo, también es normal que cuanto más la tenga en cuenta más fuerte se vuelve y más grande se hace la probabilidad de que reemplace a la imagen vieja, que se vuelve más débil cada vez que usted la acepta, pero se niega a seguirla.

He aquí una mujer que luchó con el efecto montaña rusa.

"Este nuevo hombre en mi vida es bueno para mí. Me respeta, se comunica conmigo y, sobre todo, me ama por lo que soy. Quiero casarme con él. Sé que eso es acertado."

"Pero hay otra faceta mía. Dice que yo debería volver con mi ex marido. ¿Puede creerlo? Mi ex marido era egocéntrico e inmaduro. Me mentía, creía que siempre me tendría a su disposición y después tenía el descaro de decir que me amaba. Y él no ha cambiado. Yo no creo que pueda pensar alguna vez en volver con él. Pero lo pienso. Usted puede entender por qué creo que hay algo que anda seriamente mal en mí."

Nada andaba seriamente mal en esta mujer. Al contrario, ella estaba convirtiéndose en una Campanita. Sin embargo, la Wendy que llevaba en su interior no quería desaparecer. Eso llevaría tiempo. Ella estaba cometiendo dos equivocaciones: esperaba que la nueva imagen de sí misma tomara el control completo de su vida en unos pocos meses; y estaba reprochándose el tener momentos de incertidumbre acerca de la nueva dirección que su vida estaba tomando. La solución a su experiencia de montaña rusa era recordar primero tener paciencia, y segundo aceptar a la Wendy que llevaba dentro (ver capítulo 15).

CONFUSION

Probablemente, la valla más grande a superar para convertirse en una Campanita es aprender a enfrentarse con la confusión que parece rugir dentro de su cabeza. Tiene una visión de esta confusión a través de la mujer de la última sección. Ella tenía pensamientos de autodominio, independencia y autocontrol que eran contrarrestados por ideas de volver a un estilo de vida de servidumbre, falta de respeto y actitudes maternales. La esperanza y la satisfacción batallarán contra la inseguridad y el temor al rechazo.

Una reacción sugerida a este tipo de confusión es alegrarse de estar confundida. Imagínese usted misma caminando por un sendero porque aprendió a hacerlo y porque sabe lo que debe esperar. Continuará caminando por él aunque le cause dolor, simplemente por la necesidad de la familiaridad y por temor a los cambios. Pero si ve otro sendero que cruza al viejo, y por medio de la experiencia descubre que promete algunas mejorías en su vida, ¿no se encuentra ante una encrucijada importante?

Su viejo sendero no ha sido del todo malo y usted sabe que el nuevo no estará lleno de rosas. Pese a la incomodidad, puede ser que el viejo sendero no sea tan malo... por lo menos, sabe lo que debe esperar. Y quizás el sendero nuevo no cumplirá sus promesas; o quizás espera demasiado. Sin embargo, desea un cambio y el nuevo sendero parece conducirla en una dirección más positiva. ¿Usted afronta el riesgo de lo desconocido tomando el sendero nuevo o se queda con los peligros conocidos del viejo?

Esta confusión es buena; es saludable; y, para una mujer que desea convertirse en una Campanita, es necesaria. Usted puede sentirse alentada por estar confundida, porque eso significa que está considerando seriamente cambiar. El cambio es el ingrediente esencial del crecimiento y la madurez. Sin él, usted no puede resolver el dilema de Wendy. Bajo su luz, la confusión es un estado emocional que todas las personas que crecen deben aprender a aceptar y asimilar.

Usted no tiene que ser feliz con la confusión. Ciertamente, no es una emoción preferida. Pero viene con el cambio. Cuando usted la espera, tratará de aprender de ella antes que combatirla. El argumento más convincente para aceptar la confusión es que si no la acepta, empeorará. Cuando se siente confundida por estar confundida, entonces es cuando usted está confundida.

Cuando toma posesión de su propia vida, deja de hacerse responsable de las personas que conforman su mundo. Ya no trata de controlar la forma como otras personas reaccionan ante usted. Usted sabe que ellas son responsables de sus propios pensamientos, sentimientos y acciones. Cuando era una Wendy, su control de la vida estaba mal orientado. Cuando se convierte en una Campanita, junto con la confusión de una nueva imagen propia, probablemente experimentará una oleada de fuerza.

El librarse de la servidumbre le abre a todo un nuevo estilo de verse a sí misma. Como hemos visto en las últimas dos secciones, puede esperar que esa oleada de poder tenga sus momentos difíciles.

Escuchemos a una mujer que me cuenta sus dificultades:

"Lo odié a usted el día que me dijo que yo nada podía hacer para cambiar a mi marido. Sé que usted debió de decirlo durante dos meses antes que yo lo oyera. Pero el día que por fin lo oí, me sentí devastada. Traté de culparlo de ser tan cruel conmigo. Pero usted no era cruel. Sólo que la pérdida era abrumadora. Muchas personas no quieren entender eso. Fue un súbito punto vacío dentro de mí. Fue peor que mi aborto."

"Después que me recobré del trauma, hubo esa extraña sensación de exuberancia dentro de mí. Sentí deseos de salir y de montar en motocicleta, aunque les tengo un miedo mortal a esas malditas máquinas. Quería hacer algo joven y enérgico... escalar una montaña, cualquier cosa. La sensación de libertad era increíble. Ya no me abrumaba la culpa de los problemas de él. Usted me dijo que yo estaba soportando una pesada carga, pero yo no me di cuenta de lo pesada que era hasta que me libré de ella. ¡Cielos, la libertad!"

La oleada de poder de esta mujer también contuvo un efecto de montaña rusa. Cuando ella renunció a tratar de controlar las emociones de su pareja, sintió una pérdida. Si usted está considerando convertirse en una Campanita, es prudente esperar una sensación de pérdida.

Cuando acepta a la Wendy que lleva dentro y la ayuda a superar sus temores, perderá una parte de usted... una parte que ha estado largo tiempo con usted. Pese al hecho de que esta parte le ha impedido crecer, de igual forma se sentirá mal al perderla. Quizá tenga necesidad de llorar la pérdida de Wendy como si ella hubiera muerto. Porque en un aspecto, es así.

Cuando llore esa muerte, usted se dará cuenta de que he perdido un tiempo precioso escondiendo sus temores detrás de Wendy. Con ese conocimiento; viene una parte difícil del proceso de convertirse en una Campanita. Tristeza. La única forma de tratarla es... llorar.

LA RELACION DE LOS DEMAS

Es imposible anticipar el alcance de la relacción de la gente cuando usted se convierta en una Campanita. He aquí las personas claves y lo que puede esperar de ellas.

Su compañero

Como mínimo, el hombre de su vida tendrá que hacer algunas adaptaciones a su nuevo estilo de conducta. Usted debe esperar que él esté confundido, herido, y quizá hasta intrigado. El grado de su confusión dependerá de la historia de la relación: cuánto tiempo llevan saliendo juntos/de casados y cuántos rasgos de Peter Pan y de Wendy existen en la relación. Si sus respectivas puntuaciones de los cuestionarios de Peter Pan y Wendy rondan los veinte puntos, deberá esperar considerables dificultades de adaptación.

El resultado más probable de la confusión de su pareja es que él trate de hacerla volver a su viejo estilo de conducta. El puede hacerlo porque está fastidiado con usted por cambiar las reglas de la relación, porque sus propias inseguridades exigen la protección de sus actitudes maternales, o porque simplemente no quiere asumir la incomodidad de aprender nuevas formas de relacionarse con usted.

Puede esperar sentirse presionada para que vuelva a sus tiempos de Wendy. "¿Por qué te vuelves contra mí?" "¿Es que ya no me amas?" "Estás alejándote de tus votos matrimoniales." Esas tácticas crean la presión de la culpa. Su vieja imagen de usted misma puede, ciertamente, estar de acuerdo con la evaluación de su pareja, duplicando la presión que siente.

Puede reaccionar a esta presión del mismo modo que se enfrenta con el efecto montaña rusa; es decir, aceptando el hecho de que el cambio producirá confusión, y usando los procedimientos de compartir esbozados en el capítulo 17 para adaptarse lentamente al cambio. Usted puede explicar a su compañero que no se ha vuelto contra él; está, en realidad, tratando de amarlo todavía mejor; probablemente está cambiando las reglas de la relación; pero ciertamente, necesitaban ser cambiadas.

Este procedimiento racional puede fallar. Su compañero puede emplear medidas radicales en un intento de chantajearla para que vuelva a asumir su papel maternal. Puede empezar a beber en exceso, o más que antes, y echarle la culpa a usted. Puede amenazar con hacerle daño o acusarla de tener otro hombre. Puede vacilar entre extremos de llanto y súplicas y de viles acusaciones acerca de todo lo que usted hizo mal alguna vez. Puede amenazarla con abandonarla, sólo para dar media vuelta y comprarle un regalo exorbitante. —Un hombre acusó a su esposa de ser una protituta e inmediatamente le regaló un nuevo automóvil deportivo—. Puede decirle a amigos de usted que está enferma y que está destruyendo el matrimonio, o tratar de poner a los hijos en contra suya (ver las secciones siguientes). Finalmente, puede acudir a la madre de él o a la de usted, esperando que alguna de ellas, o ambas, la presionesn para que usted vuelva a asumir sus viejos hábitos de Wendy.

Cualquiera que sea la naturaleza de la presión que sienta, la tentación de asumir la responsabilidad de todo el problema será tremenda. —Un repaso rápido de la analogía del "montón de estiércol" del capítulo 17 ayudará—. Reconocer la probabilidad de una o más de esas reacciones de su compañero ayudarán a que usted esté preparada. Puede afrontar la situación usando su nueva imagen. Si ve que él es totalmente irracional, puede tener que dejar la situación —temporal o permanentemente—. Si él parece susceptible a la lógica, trate de conversar. Por ejemplo, cuando él diga: "No tendríamos estos problemas si no fuera por tu 'liberación'", usted puede decir: "Lo que acabas de decir es un ejemplo de la clase de problemas que necesitamos resolver. Yo no causo tus problemas y no puedo salvarte de ellos. Sin embargo, admitiré que soy responsable de haber asumido hacia ti un papel maternal, y de hacerte creer equivocadamente que soy la gran salvadora del mundo."

Un poco de humor bien colocado puede ayudar a alisar el camino para una comunicación mejorada. Sólo, recuerde no tomar a la ligera los problemas de usted y no darle poca importancia a la confusión de su compañero. Su humor será beneficioso si recuerda usar una gentil burla de usted misma y evitar toda referencia a la conducta de él como su muchachito. Esos comentarios humorísticos deberían reservarse para el momento en que él esté dispuesto a mirarse honestamente a sí mismo y a tomarse en serio.

En medio de las tensas interacciones que seguramente resultarán, asegúrese de recordar, y de recordarle a su compañero, que algunos de los problemas de los dos son causados por el hecho de que los viejos hábitos son difíciles de abandonar.

Sus hijos

Si usted tiene hijos, ellos también pueden presionar para que vuelva a los viejos hábitos de siempre. Y lo mismo que con su compañero, esta presión, con toda probabilidad, se manifestará en sentimientos de culpa. Pero no se desaliente, raramente ellos lo hacen a propósito.

Cuando su programa educacional la hace salir dos tardes por semana, su hijo de diez años puede decir: "Yo quiero tener otra vez una madre todo el rato. ¿Adónde vas?". Después de cerciorarse de que está dedicando a sus hijos suficiente dosis de amor y de guía, usted puede responder: "Yo soy tu madre todo el tiempo, pero también soy una persona y tengo otras cosas que quiero hacer." También ayuda recordar que si usted se quedara en casa, sería probable que su hijo de diez años la ignorara, de todos modos.

Cuando su empleo la mantiene ausente hasta tarde y su hijo de cinco años tiene lágrimas en los ojos cuando dice: "Te he echado de menos, mamá", acalle las voces de la culpabilidad y responda, "Yo también te he echado de menos, cariño." No necesita acusarse usted misma de abandonarlos. Aproveche esta oportunidad para hablar con su marido acerca de cómo él debería relacionarse más con sus hijos.

Estas mismas recomendaciones se aplican si usted está convirtiéndose en una Campanita, y también si es una madre sin pareja.

El problema más difícil que puede encontrar con sus hijos es cuando su marido los usa para presionarla para que vuelva a sus viejos hábitos. Usted querrá tener la esperanza de que él lo hace sin intención y que responderá favorablemente cuando le pida que se detenga. Si él lo está haciendo intencionadamente y se niega a detenerse, entonces se verá obligada a añadir esto a su lista de razones para marcharse (ver el capítulo siguiente).

Cuando su hijo de doce años dice: ¿Qué le estás haciendo a papá?, usted puede decir "Sólo estoy tratando de amarlo mejor." Cuando su hijo de ocho años pregunte: "¿No amas ya a papá?", usted puede responder. "Claro que sí. Por eso estoy tratando de convertirme en una persona mejor."

239

Tenga presente que no es responsabilidad suya el explicar a sus hijos la conducta de su marido; la responsabilidad es de él.

Sus amigos y conocidos

Amigos, conocidos y compañeros de trabajo tendrán una variedad de reacciones a su nueva imagen.

Esa nueva imagen los pondrá a prueba todos los días. Su vecina puede criticarla por "ser tan cruel con ese gran marido que tienes". Su mejor amiga puede poner una nota de desaprobación en la voz cuando diga: "¿Estás segura de que sabes lo que estás haciendo?". Los celos pueden ser la fuerza motivadora cuando una compañera de trabajo dice: "Yo no me arriesgaría a perder una cosa buena si la tuviera." Su jefe puede tratar de sacudir su confianza interpretando equivocadamente su nueva imagen como una indicación de problemas: "¿Hay alguna cosa que la moleste?" Una amiga sedienta de chismorreos puede presionarla para enterarse de más detalles, diciendo: "¿Y entonces tú qué dijiste? ¿Y qué dijo él?".

Enfrentada a esas situaciones, usted se sentirá tentada de "psicologizar" en busca de motivaciones detrás de esos comentarios y preguntas. Puede dejar tranquila su curiosidad pensando que una amiga de verdad la apoyaría como pudiera, y que las demás tienen una mezcla de motivaciones, entre las cuales no es la menos importante el hecho de que tengan celos de usted porque está haciendo lo que ellas quieren hacer, o temor de que las sacuda haciéndolas salir del letargo en que están u obligarlas a afrontar su propia negatividad.

Si usted desea reducir el desgaste de su nueva imagen, tome una decisión simple por adelantado. Es decir, si siente que la preocupación de una persona es sincera y merecedora de una explicación, désela. En caso contrario, limítese a ensayar una respuesta de una sola línea, agradable y humorística, pero no les diga nada que usted no desee que sepan. Por ejemplo: "Creo que estoy nada más que dando un salto adelante para cambiar de vida."

240

Sus padres

Si sus padres todavía viven, será difícil cuando ellos le pregunten qué esta sucediendo. Una vez más, sus preguntas y comentarios pueden provocar sentimientos de culpa. Si todavía tiene que resolver su dependencia de su madre o los sentimientos de rechazo de su padre, sus preguntas o comentarios pueden hacerla responder airadamente.

Cuando trate con sus padres, déles a ellos y dése usted misma compasión, comprensión y deseos de perdonar. Con la combinación de la tensión de convertirse en una Campanita con la frustración de necesidades de dependencia no resueltas con respecto a sus padres, puede sentirse tentada a decir algo de lo que después se arrepentiría.

Para eliminar algo de la tensión, siga el mismo curso de acción que siguió con sus amigas y compañeras de trabajo, o sea, decida por adelantado cuánta información desea darle a cada uno de sus padres. Advierta que si usted les cuenta la mitad de la historia, probablemente ellos le pedirán que les cuente la otra mitad. En este caso, deberá decidir por adelantado si desea o no hablar de que cree que las equivocaciones de ellos contribuyeron a sus problemas actuales. Si comparte esos sentimientos más íntimos, esté preparada para oír la culpabilidad, la negativa u otras reacciones emocionales causadas por sus revelaciones. Del mismo modo, ponga cuidado al explicar cómo usted no los está culpando a ellos de sus problemas. Enfatice que no quiere vivir en el pasado.

Muchas mujeres ex Wendy deciden no compartir sentimientos profundos con sus padres. Llegan a la conclusión de que su madre y su padre han vivido lo mejor que pudieron y nada se puede ganar iniciando una revisión que sólo serviría para confundir en vez de clarificar. Usted puede convertirse en una Campanita sin analizar por qué se convirtió en una Wendy. En realidad, una Campanita madura tiene poco tiempo para el análisis histórico.

TERAPEUTAS PARCIALES

A medida que se convierte en una Campanita, sentirá la necesidad de una guía objetiva. Encontrar un psiquiatra, un psicólogo, un asistente social y otro consejero sin prejuicios, puede ser una de las mejores inversiones posibles para su futuro. Sin embargo, debe tener mucho cuidado cuando busca un terapeuta u consejero. Usted sabe, mejor que nadie, que se encuentra en una posición delicada, más vulnerable por su incertidumbre. Lo menos que necesita es un terapeuta con prejuicios, que la use para desahogar sus propios problemas.

Un terapeuta hizo sentir culpable a una mujer por querer ser más independiente. El terapeuta le dijo: "No se enfrente con su marido. Cuando él vuelva a las tres de la mañana, prepárele un emparedado y un café y dígale lo mucho que lo echó de menos." La única forma de tratar con esa clase de consejo es no volver más.

Cuando busque un terapeuta o consejero, tenga presente lo siguiente:

Machismo

El consejo dado por el psicoterapeuta recién mencionado es un buen ejemplo de machismo, Igualmente peligroso es el consejo dado por una mujer feminista extrema. Ella puede sugerir que tome usted determinado curso de acción, no porque haya considerado objetivamente su historial clínico, sino porque desea dar salida a sus propias frustraciones, usándola a usted como conejillo de Indias.

"...deberías..."

Si el consejero que usted elige está refiriéndose constantemente a lo que usted debería hacer, sugiriendo que hay solamente un camino para convertirse en una Campanita —el suyo—. considere la conveniencia de buscar otro consejero profesional. Cuando usted está en el proceso de apartarse del guión maternal, lo que menos necesita es que una persona en la quien confía le dé otro guión.

Sexo

Hay que repetir algo que merece la pena repetirse: No hay modo de obtener terapia objetiva y sexo de un mismo terapeuta.

Dinero

No es necesario que gaste una fortuna para obtener un buen consejero. Las agencias gubernamentales locales, grupos eclesiásticos, universidades y clínicas privadas a menudo tienen disponibles terapeutas a los que se les paga de acuerdo a las posibilidades.

RENACER DE LA SEXUALIDAD

La dedicación a hacerse cargo de su vida, combinada con una nueva y positiva imagen de usted misma, puede conducir a un renacer de la sexualidad. A medida que resuelve su dilema de Wendy, sale de la trampa de Wendy, reduce sus respuestas de Wendy y aumenta su conducta de Campanita, puede encontrar todo un nuevo mundo de deseos y necesidades sexuales que surgen en su interior.

La principal razón de ese incremento del impulso sexual es su nueva imagen de sí misma. Se gusta más y se da cuenta de que merece gozar. Puede esperar que tendrá deseos sexuales y que querrá satisfacción para usted tanto como para su compañero, y superar la antigua práctica de limitarse a yacer boca arriba, fingiendo orgasmos, sintiéndose frustrada cuando no se llega a la culminación, volviéndose agresiva antes y durante la actividad sexual, soñar despierta con escenas sexuales y, atípicamente, sonreírse secretamente porque su compañero la hizo perder todo deseo.

El renacer de su sexualidad no es motivo de alarma o de culpa. Podrá sentirse un poco aturdida cuando examine nuevamente antiguos valores, pero lo más probable es que no deba preocuparse de volverse promiscua. Como ha hecho con otras experiencias de crecimiento, tenga paciencia y comprensión con usted misma.

Anticiparse a estos obstáculos y ensayar estrategias posibles no hacen que convertirse en una Campanita sea tarea fácil. Siempre habrá experiencias que reavivarán el dilema de Wendy. Pero esperar que ocurran ciertas cosas puede hacer más sencilla la tarea. Sin embargo, pese a la mejor de todas las preparaciones posibles, lo inesperado ocurrirá...probablemente cuando usted menos lo espere.

21

Cuándo y cómo marcharse

"No importa cuánta culpa sienta usted, llega un momento en que tiene que marcharse. La parte más difícil es preguntarse si está haciendo lo correcto."

Pese a su título, este capítulo, lo mismo que los anteriores, contiene un mensaje de esperanza. Está dedicado a aquellas mujeres que han resuelto el dilema de Wendy —amar, no hacer de madre— pero sin éxito. Sus compañeros se niegan a crecer y ellas no pueden mantener sus vidas en el congelador. Ellas quieren dar amor a una persona que lo reciba y lo retribuya.

Marcharse, aun para la dueña de sí misma Campanita, puede ser una pesadilla emocional. A menos que su pareja sea una especie de sádico, ella experimentará remordimientos, temor, culpa y demás. Si tiene detrás una historia de hacer de él de madre, su incertidumbre y confusión crearán dentro de ella una voz que dirá: "¿Estás segura de saber lo que haces? Quizá deberías intentarlo una vez más."

Aunque ella no lo ame, abandonarlo no es tan sencillo como decir "estoy buscando un apartamento". Después de todo, él era su familia y el hogar de ambos era su nido. Cuando una Wendy que está convirtiéndose en una Campanita abandona una relación, se aleja de cierto grado de seguridad y se somete a nuevas dimensiones de vida. A menos que esté caminando hacia los brazos de otro hombre —no necesariamente una buena idea...fácilmente ella podría repetir sus errores pasados—, encontrará un período lleno de tensiones. Ella querrá saber que lo que hace es lo correcto.

Cuando las mujeres me piden que las ayude a decidir si abandonan o no a su pareja, yo las hago revisar una lista objetiva de motivos y razones. No promete perfección, pero les da confianza en que si se marchan y las cosas no salen bien, pueden tranquilizarse ellas mismas diciendo: "Sé que le di una buena oportunidad a mi última relación."

He aquí la lista.

• ¿Lo quiere lo suficiente para resolver sus problemas?
Muchas mujeres dicen que todavía aman a su compañero, aunque el factor X ya no funcione. Sienten lástima de él y temen marcharse, pero no lo aman. Sin embargo, si esas mujeres están sentadas en mi despacho, probablemente les queda amor suficiente para dar el segundo paso de la lista.

• ¿Sabe usted cuáles son sus equivocaciones?
Las mujeres que están pensando en marcharse, habitualmente van de un extremo a otro como reacción a esta pregunta. O tienen poca sensibilidad para sus equivocaciones, o están tan llenas de culpa que vuelcan sus errores como un niño bien ensayado en su primera confesión.
Ninguno de los extremos es una base sólida para marcharse. Esta parte de la lista requiere que una mujer analice una situación problemática e identi-

fique sus pensamientos y acciones contraproducentes. Si ella dice que hacía de madre de su compañero, entonces tiene que identificar cuál de las respuestas de Wendy se le aplica. Si no puede ser específica en la autocrítica, entonces no podrá cumplir las expectativas del paso siguiente de la lista.

• ¿Trató con esfuerzo de corregir sus equivocaciones?
En este punto de la lista, paso revista a varias situaciones para ver si la mujer empleó, en realidad, técnicas de solución de problemas. Tal como haría un tutor al corregir los deberes o tareas escolares, la ayudo a evaluar la gama de técnicas usadas, prestando atención a que ella haya realizado correctamente la técnica.
La mayoría de las técnicas que yo enseño están contenidas en la segunda sección del libro.

• ¿Buscó realimentación objetiva en relación con su situación?
En el caso de la mujer sentada en mi consultorio, su misma presencia responde a esta pregunta. Para el lector, la "realimentación objetiva", o *feedback* objetivo, no vendrá de sus amigos o de su familia. Use las sugerencias contenidas en el capítulo 20, en la sección de terapeutas imparciales, para encontrar a alguien que pueda ayudarla a evaluar los temas planteados en este capítulo.

• ¿Trató de conseguir que él buscara ayuda?
Muchos hombres todavía creen que "uno puede resolver los propios problemas sin necesidad de un psiquiatra". Otros hombres usan esto como excusa para evitar la ansiedad de un autoexamen. Antes de marcharse, usted le debe a su relación hacer lo posible para alentar a su pareja a buscar consejo, con usted o sin usted.

Si puede responder sinceramente que sí a las cinco preguntas, y su relación no está mejorando, entonces puede muy bien considerar los pasos esbozados en el resto de este capítulo, pasos que sugieren cuándo y cómo marcharse. Tenga presente que están recomendados para una mujer que afronta malos tratos o es amenazada con malos tratos. Si sucede lo último, la mujer quizá desee consultar el consejo especial contenido en el paso dos.

PASO UNO

Una pareja a la que yo estaba tratando como consejero matrimonial, eran un Peter Pan y una Wendy típicos. Habíamos estado viendo juntos la posibilidad de cambiar situaciones específicas en la casa. Ambos decían las palabras correctas, pero ninguno parecía dedicarse a corregir sus respectivos errores.

Después de varias semanas de consejos, la mujer anunció que se marchaba. Pese a sus persistentes problemas, la mujer nunca había mencionado seriamente el tema. El marido quedó apabullado. Todavía parecía conmocionado cuando se fue de mi oficina.

A la semana siguiente, él vino solo. Su esposa ya se había ido a vivir a otra parte y había presentado una demanda de divorcio. El seguía conmovido. "Nunca pensé que ella lo haría. Estoy dispuesto a admitir mis equivocaciones y a tomar en serio esto de los consejos matrimoniales. Pero ella dice que ya no le interesa." Estaba muy mal. "Después de diecisiete años de matrimonio, ella finalmente toma una posición, y es su última posición."

Si usted toma una última posición, hágalo antes que ya no le interese. Hágalo mientras todavía sienta esperanzas para la relación. Esto fue expresado por una mujer que dijo: "Estoy enamorada de lo que sé que él podría ser, no de lo que es ahora." Ella tomó su última posición mientras todavía le interesaba si iba o no a funcionar.

Cuando hable de su última posición o actitud, asegúrese de expresar sus preocupaciones y sus intenciones de marcharse tan inequívocamente como sea posible. En otras palabras, no se ande por las ramas. Del mismo modo, mantenga la postura más racional que pueda, despojada de emociones acaloradas. Escríbale una carta y léasela, si tiene que hacerlo. Usted querrá llevar al máximo las posibilidades de que él quiera escucharla.

Consulte a un abogado sobre sus derechos. El podrá aconsejarla acerca de formas de conseguir que su marido se marche. Si hay hijos por medio, y se quedarán a su lado, es mejor para ellos permanecer en el hogar de la familia.

Estudie objetivamente sus opciones financieras. Usted, probablemente, ha pasado por el proceso de desarrollo personal sugerido en capítulos anteriores. Necesitará un presupuesto para alentar su confianza cuando se marche —o cuando se marche él— de la casa.

A los niños dígales poco sobre sus planes, pero esté dispuesta a responder a sus preguntas. Si ellos le preguntan, "¿Vas a divorciarte?", dígales que está trabajando empeñosamente para evitar semejante cosa.

Lo crucial de su última posición es la declaración: "Si no empezamos a solucionar nuestros problemas, yo me voy." No lo diga hasta que lo sienta sinceramente así.

PASO DOS: MARCHARSE

Muchas mujeres siguen una relación porque las petrifican los aspectos físicos y logísticos de marcharse. He aquí las reflexiones de una mujer que se quedó demasiado.

"Yo sólo quiero que él me deje tranquila. El puede pasarse veinticuatro horas al día frente a la televisión, que a mí no me importa. Sólo deseo que no trate de hablar conmigo."

"Lo único que necesito de él es el cheque del sueldo, que de todos modos no es grande, y que me haga ocasionalmente de canguro. Si pudiera por lo menos no enfurecerme con él, me quedaría donde estoy."

La negación de esta mujer se cerraba a su alrededor. La trampa de Wendy estaba sofocándola. Pese a sus temores de no ser capaz de mantenerse ella y sus dos hijos, esta mujer se marchó; según las últimas noticias, lo está logrando.

Usted puede aminorar parte del temor a marcharse encontrando maneras de invertir en su futuro. Si se queda en su casa actual, vuelva a arreglar la disposición de los muebles y, si su presupuesto lo permite, decore nuevamente partes de la casa. Por ejemplo, lleve un sillón de la sala de estar a su dormitorio, aprenda a empapelar y déle una atmósfera diferente a su habitación, o compre algunos muebles nuevos, aunque sea en una tienda de segunda mano.

Puede trasladarse a una nueva casa. Escuche cómo una mujer se construyó un nido nuevo:

"Al entrar en un apartamento nuevo, una puede añorar la casa vieja, no importa lo malos que sean los fantasmas. Todo lo que yo pensé fue lo injusto que había sido que él no pudiera cambiar. Lo culpaba por obligarme a marcharme."

"Estaba tan destruida por la autocompasión, que me senté en la habitación vacía y lloré. Después, me enfadé conmigo misma y me obligué a recordar por qué me había marchado."

"Salí, compré un cuadro nuevo y desempaqueté algunos de mis adornos personales. Compré una botella de vino y tuve una fiesta privada de bienvenida a mi nueva casa. Colgué mis utensilios de cocina y pedí una pizza. Me senté en el suelo a escuchar música, que a él nunca le había gustado. No fue gran cosa, en realidad, pero fue un comienzo."

Si usted afronta amenazas físicas, no tendrá el lujo de sufrir en la montaña rusa emocional relacionada con la construcción de un nuevo nido. Estará demasiado preocupada por su seguridad. Si habla de marcharse y su compañero la amenaza con hacerle daño, tome la amenaza en serio. Cualquier persona que se rebaja hasta formular amenazas de violencia física es lo suficientemente desequilibrada para pasar a los hechos.

Si usted sinceramente teme por su seguridad, evalúe sus alternativas antes de hacerle a su marido cualquier declaración definitiva. Hable con un consejero, un abogado, un juez, la policía o con agencias sociales acerca de las formas de asegurar su protección, si el marcharse se convierte en realidad. No se quede acobardada en un rincón, temerosa de adoptar una actitud clara; por otra parte, no trate de probar que puede arreglárselas sola.

PASO TRES: SUPERANDO LAS VALLAS

Cuando decide marcharse, hay incontables vallas que superar. He aquí sólo unas pocas.

Hijos

Si tiene hijos, es probable que se queden a su lado. ¿Cómo les dirá que va a marcharse? ¿Qué les contará acerca del padre? ¿Qué dirá de sus motivos para marcharse? ¿Cuánta información deberá darles? Una regla general a seguir es responder a las preguntas de los hijos en términos sencillos, dándoles sólo la información que ellos pidan. Si usted duda de lo que ellos quieren saber, haga preguntas que le aclaren la necesidad de información que pudieran tener.

No insulte al padre ni dé excesivos detalles sobre sus dificultades conyugales. Mantenga un nivel sensato de disciplina racional, concediendo excepciones a las reglas sólo después que los hijos hayan demostrado una conducta apropiada. Espere de ellos que asuman un poco más de responsabilidad, y nunca los compadezca.

Si el padre les dice cosas negativas sobre usted o deja de dedicarles el tiempo y la atención que ellos merecen, simplemente explíqueles que el padre padece algunos problemas y que él no tiene la culpa de su propia conducta.

Amigos y familiares

Cuando pase por el estrés de marcharse, aprenderá en muy poco tiempo quiénes la quieren de verdad. Necesitará el apoyo de algunos amigos y/o familiares. Por lo menos debería haber una persona de su entorno inmediato que se preste a escucharla y sobre cuyo hombro pueda apoyarse para llorar.

En cuanto a los que hacen demasiadas preguntas, siga el consejo dado en el capítulo anterior. Decida anticipadamente con quiénes compartirá qué información y bajo qué circunstancias. Quizá pueda tener una tendencia a dar demasiada información a demasiadas personas, de modo que tómese su tiempo para decidir en quiénes va a confiar.

Encontrarse con él

Pese a las cosas desagradables que pueda haberle dicho él, es muy probable que su marido la llame, le escriba o se presente en su puerta, lleno de disculpas y promesas de cambio. Además de las sugerencias ofrecidas en el paso cuatro —reconciliación— hay unas pocas ideas que pueden aliviar la carga de esos encuentros.

- Si usted desea hablar con su marido, hágalo en terreno neutral (una cafetería). De esa manera, reducirá al mínimo la probabilidad de una discusión y le será más fácil abandonar el lugar si el encuentro se vuelve amargo.

- Escuche atentamente las palabras de su marido. ¿El está admitiendo sinceramente sus equivocaciones o buscando ayuda para cambiar? ¿Todavía exhibe la vieja cualidad de niño? He aquí un ejemplo de una promesa que indica que no hay ningún cambio: "Yo hasta empezaré a sentir si tú quieres que lo haga."

- Como se sugiere en el capítulo 17, haga lo posible por atenerse a mensajes con el pronombre de primera persona. Por ejemplo. "Yo me siento incómodo cuando me presionas para que me decida a regresar."

- No beba alcohol durante esas primeras reuniones.

- Esté preparada a pensar afectuosamente de él; la mente tiene tendencia a olvidar rápidamente el dolor. Los pensamientos afectuosos son necesarios, pero no bastan para reconstruir una relación.

- Mantenga a los niños alejados de esos encuentros.

- No le pregunte si está saliendo con alguien. Se sentirá celosa, y no hay motivo para soportar dolor emocional innecesario.

Dinero

Aunque tenga usted un empleo excelente, probablemente necesitará algún tipo de ayuda y/o información financiera. La falta de dinero es un problema muy real, pero con determinación y orientación de expertos, no tiene por qué ser una valla infranqueable. Sus amigos, su banquero, sus compañeros de trabajo, y su jefe pueden proporcionarle apoyo e ideas para conseguir ayuda. Como una Campanita, no tenga vergüenza de preguntar.

Estrés

Romper una relación figura cerca o en el primer lugar de cualquier lista de situaciones estresantes. Aunque las cosas se desarrollen con fluidez, el marcharse es una situación llena de estrés. Sepa que debe aceptar el hecho de que su sueño puede ser inquieto, su tolerancia a las incomodidades bajar, disminuir su paciencia, y también disminuir su resistencia a resfriados y gripe.

Para hacer frente al estrés, dése usted misma por lo menos treinta minutos al día para sentarse y relajarse; pida consejo médico sobre un programa de ejercicios y una die ta complementada con vitaminas; resista lu tentación de entretener constantemente a los chicos, o si no tiene hijos, no sienta que debe hacer realidad todas sus fantasías en una semana; y tenga cuidado de no volverse dependiente del alcohol y otras drogas. Continuar con los consejos de su terapeuta durante varias semanas es una manera excelente de vigilar cómo trata el estrés.

PASO CUATRO: RECONCILIACION

Si usted se marchó mientras todavía tenía alguna esperanza para la relación, entonces la reconciliación siempre estará en el fondo de su mente. Puesto que uno de los propósitos de marcharse fue reevaluar su relación, he aquí algunas orientaciones que debería seguir durante su separación.

- Resista la tentación de relacionarse con otro hombre. Si esto sucede, entonces el destino ha hablado; pero no lo busque. Una regla que siguen muchas mujeres es, si ven a otros hombres, no salir tres veces seguidas con ellos.

- Pase tiempo a solas. Los sonidos del silencio pueden enseñarle muchas cosas acerca de la dirección que debería seguir su vida.

- Si se encuentra con su pareja, evite conversaciones "serias" durante algunas semanas. Si queda con él, trate de divertirse.

- Cuando tenga relaciones sexuales, espere sentir un amplio espectro de emociones, desde culpa a euforia.

Si la relación íntima la tiene con su pareja espere experimentar una confusión considerable.

- Debería tener una meta que lograr usted sola durante la separación. Si su único objetivo es darle a él tiempo para pensar, correrá el riesgo de perder el tiempo.

Si decide reconciliarse con su compañero, eso debe ser hecho en el entendimiento de que los dos se dedicarán a seguir intensivamente un tratamiento con un consejero matrimonial. Pese a sus esperanzas de un nuevo comienzo, usted tendrá muchos malos hábitos que superar. Eso requerirá trabajo de equipo, algo que probablemente jamás hizo con su compañero.